O RE-INVENTAR DA INCLUSÃO

Dados Internacionais de Catalogação na Publicação (CIP)
(Câmara Brasileira do Livro, SP, Brasil)

Orrú, Sílvia Ester
  O re-inventar da inclusão : os desafios da diferença no processo de ensinar e aprender / Sílvia Ester Orrú. – Petrópolis, RJ : Vozes, 2017.

  Bibliografia.

  7ª reimpressão, 2024.

  ISBN 978-85-326-5331-4

  1. Educação 2. Inclusão escolar 3. Inclusão social 4. Prática de ensino I. Título.

16-06780   CDD-370.115

Índices para catálogo sistemático:

1. Educação inclusiva   370.115

Sílvia Ester Orrú

O RE-INVENTAR DA INCLUSÃO

Os desafios da diferença no processo de ensinar e aprender

Prefácio de
Maria Teresa Eglér Mantoan

EDITORA VOZES
Petrópolis

© 2017, Editora Vozes Ltda.
Rua Frei Luís, 100
25689-900 Petrópolis, RJ
www.vozes.com.br
Brasil

Todos os direitos reservados. Nenhuma parte desta obra poderá ser reproduzida ou transmitida por qualquer forma e/ou quaisquer meios (eletrônico ou mecânico, incluindo fotocópia e gravação) ou arquivada em qualquer sistema ou banco de dados sem permissão escrita da editora.

CONSELHO EDITORIAL

Diretor
Volney J. Berkenbrock

Editores
Aline dos Santos Carneiro
Edrian Josué Pasini
Marilac Loraine Oleniki
Welder Lancieri Marchini

Conselheiros
Elói Dionísio Piva
Francisco Morás
Gilberto Gonçalves Garcia
Ludovico Garmus
Teobaldo Heidemann

Secretário executivo
Leonardo A.R.T. dos Santos

PRODUÇÃO EDITORIAL

Aline L.R. de Barros
Jailson Scota
Marcelo Telles
Mirela de Oliveira
Natália França
Otaviano M. Cunha
Priscilla A.F. Alves
Rafael de Oliveira
Samuel Rezende
Vanessa Luz
Verônica M. Guedes

Editoração: Gleisse Dias dos Reis Chies
Diagramação: Sheilandre Desenv. Gráfico
Revisão gráfica: Nilton Braz da Rocha
Capa: Cumbuca Studio
Ilustração de capa: © Gulsengunel | Thinkstock

ISBN 978-85-326-5331-4

Este livro foi composto e impresso pela Editora Vozes Ltda.

Gratidão...

A Deus, sempre... pelos sorrisos e pelas lágrimas – pelo privilégio de viver!

À mamãe, Marlene Orrú, ao meu coração girassol, Ricardo Leyva, meus apoiadores incondicionais. Ao meu pai, Gervário F. Orrú (*in memoriam*), que não colheu sua semeadura comigo, mas está sempre presente em toda minha trajetória.

À Profa. Dra. Maria Teresa Eglér Mantoan que me acolheu junto ao *Laboratório de Estudos e Pesquisas em Ensino e Diferença* (Leped) da Faculdade de Educação da Universidade Estadual de Campinas. Por despertar algo muito maior em mim do que aquilo que eu havia planejado para nosso tempo de estudo. Pelas longas horas de diálogo em que a inclusão e a diferença nos arrebatavam. Por sua amizade!

Às pessoas queridas que me presentearam com suas vozes como importante parte desta obra. Por cada momento de emoção, de vida, de surpresa, de esperança por momentos e espaços cada vez mais inclusivos. Pela disponibilidade e afeto.

Com amor, para os queridos meninos: Ernesto, Hiro, Kaito, Lucas e Jean, meu filhinho.

Sílvia Ester Orrú

Sumário

Prefácio, 9

Introdução, 13

1 O universal e o singular, 17

2 O diagnóstico universal e a diferença singular, 21

3 A busca da semelhança, da diferença e da cura pelo diagnóstico, 31

4 As políticas e os problemas – O trato das probidades no seio da escola, 40

5 A inclusão menor – Pelo microscópio se vê maior, 49

6 Entre linhas e fronteiras, 58

7 A natureza *hibris* do ser humano, da educação, da inclusão e a aprendizagem, 64

8 Inclusão é coisa de supervivente, 68

9 Vozes sem eco, 77

   A mãe, 78

   A diretora da escola, 83

   A professora, 87

   As vozes das crianças, 95

   A mulher com esclerose múltipla, 98

   A moça com Síndrome de Down, 104

A refugiada da Síria, 105

O ex-presidiário, 108

O juiz, 111

10 A solidão do excluído em todo o tempo é povoada, 123

11 Inclusão na diferença: incompletudes, 129

Referências, 131

Prefácio

A inclusão é um tema de estudos e de pesquisa que exige de nós, educadores, uma retomada do que até então pensamos, aprendemos, escrevemos, vivemos, ensinamos sobre a educação.

Na busca de novas referências que nos sustentem na revisão e crítica do que sabemos e acreditamos sobre nossos alunos, escolas, práticas de ensino, defrontamo-nos com a necessidade de uma virada teórico-metodológica e de encarar novos horizontes investigativos.

Para entender *o que* é e *como* incluir temos de nos desfazer do que nos fez excluir, sem ou com a intenção de fazê-lo. Em ambos os casos, a situação é difícil, porque nos questiona sobre o que tem sido a nossa atuação profissional e o que está por detrás dela: esses hábitos que ajudam a enfrentar o dia a dia, sem interpelações, dúvidas, incertezas sobre condutas adotadas, julgamentos proferidos, argumentos e posições que utilizamos sem questionamentos e cuja fonte é, no geral, externa e confiável dada a competência de sua origem.

Com a retaguarda de autores que integram a corrente filosófica francesa contemporânea que focam suas produções no pensamento pós-moderno e pós-estruturalista, a autora deste estudo revisa questões que derivam do peso do diagnóstico no entendimento da diferença. Essas questões são centrais no entendimento do tema e no agir inclusivo, nas escolas, na sociedade. Como encarar o diagnóstico a partir do sentido multiplicativo da diferença?

É sempre melhor que digam o que somos, como seremos, o que nos aguarda e quais as prescrições, o caminho certo a seguir.

O sentido da diferença, que orienta a concepção deste estudo, fundamenta-se no que ainda está muito pouco difundido, por razões até certo ponto plausíveis e que conduz a mudanças significativas na educação. A diferença tem sido confundida com o diverso, com o diferente, com o que se contrapõe ao igual. Assim sendo, a tendência é opormos o rico ao pobre, o sadio ao doente, o bonito ao feio, compararmos o normal com o deficiente. É usual estabelecermos diferenças entre as pessoas, como o fazemos com objetos quaisquer. Tendemos a reduzi-las a um dado atributo, a uma característica que julgamos marcante na aparência, no modo de ser de alguém. Ao que é definido por todo tipo de diagnóstico. Isso é confortável, na maioria das vezes, porque nos livra do enfrentamento de nossas próprias fraquezas, imperfeições, atribuindo-as ao outro, como incorretas, indesejáveis. Aprendemos a pensar e a agir dessa maneira ao longo de nossas vidas.

Como, então, compreender o sentido do diagnóstico, se a diferença, ao contrário do diverso, não é a repetição do mesmo. Está sempre se diferenciando. Somos seres singulares e, ao mesmo tempo, mutantes. Portanto, escapamos de toda e qualquer possibilidade de nos encaixarmos em categorizações, classificações, qualidades que possam nos representar e nos definir por meio de uma identidade fixada e estável. Eis aí uma proposta instigante para os que pretendem ultrapassar o sentido clássico da representação, as identidades rígidas, precisamente definidas, os modelos precisos, limitados.

O foco em uma dada característica humana nos leva a definir o todo pela parte, trancafiar pessoas em grupos definidos por um único atributo: os deficientes, os obesos, os agressivos, os autistas, os cadeirantes... Essas categorizações indevidas, entre tantas, são aplicadas a todos nós, mas a inflexão e seus prejuízos maiores recaem sobre as minorias, os grupos menos fortalecidos pelo poder social. Daí o empenho de muitos deles de se afirmarem como minoria, taxando-se pelo atributo que os desvaloriza e inferioriza diante dos demais. O que buscam é se fortalecerem ante os grupos mais poderosos, conclamando seus direitos e exigindo privilégios. Tal saída tem sido uma faca de dois gumes, porque quando uma minoria se faz notar dessa maneira – dando ênfase a uma diferença específica, seus indivíduos podem ser excluídos ainda mais!

O poder da inclusão de contradizer o que pensamos e como agimos no âmbito educacional é de grande intensidade e reverberação. Os efeitos desses reflexos, a nosso ver, são reveladores de grandes e auspiciosas mudanças, que transpõem esse domínio.

Em uma palavra, estamos, neste livro, diante de um estudo que nos remete a essa nova discussão sobre velhos problemas que enfrentamos nas escolas brasileiras e em outros ambientes de formação. Este é um trabalho que corrobora o que aqui anuncio, como uma contribuição importante, que nos alerta para as consequências trazidas por uma concepção de diferença que precisa ser contestada e melhor explicitada.

Há muito a fazer para que abracemos com uma força cada vez maior o ideal de uma sociedade inclusiva de reconhecer, questionar e considerar as nossas diferenças.

Espero que a leitura deste estudo seja mais um passo nessa direção.

Campinas, em maio de 2016.

Maria Teresa Eglér Mantoan
Coordenadora do Laboratório de Estudos e
Pesquisas em Ensino e Diferença
Faculdade de Educação da Universidade Estadual de Campinas

Introdução

> *Escrever é um caso de devir,*
> *sempre inacabado, sempre*
> *em via de fazer-se, e que*
> *extravasa qualquer matéria*
> *vivível ou vivida.*
> Gilles Deleuze (1997)

Desde dezembro de 1996, a partir da publicação da Lei de Diretrizes e Bases da Educação Nacional n. 9.394 encontramos no panorama político e socioeducacional problemáticas referentes aos processos de inclusão/exclusão de pessoas com deficiência, também nomeadas, naquela época, como educandos portadores de necessidades especiais. A referida lei em conjunto com outros documentos nacionais[1] e internacionais[2] dos quais o Brasil é signatário, convergentes com a Constituição da República Federativa do Brasil (1988) norteiam uma proposta de educação para todos, sem discriminação, que deve ser oferecida por todas as escolas brasileiras, tanto públicas como privadas, abrangendo desde a educação básica até o Ensino Superior.

---

1. Cf.: Lei n. 7.853/89. Lei n. 8.069/90. Decreto n. 3.298, que regulamenta a Lei n. 7.853/89. Resolução CNE/CEB n. 2/2001. Lei n. 10.172/2001. Resolução CNE/CP n. 1/2002. Lei n. 10.436/02. Portaria n. 2.678/02. Decreto n. 5.296/04. Decreto n. 5.626/05. Decreto n. 6.094/07. Decreto n. 6.949. Resolução n. 4 CNE/CEB. Decreto n. 7.611. Lei n. 12.764.

2. Cf.: Declaração Mundial de Educação para Todos (1990). Declaração de Salamanca (1994). Declaração Internacional de Montreal (2001). Convenção da Guatemala (1999). Carta para o Terceiro Milênio (1999). Convenção sobre os Direitos das Pessoas com Deficiência (2008).

No entanto, os modos tradicionais presentes no processo de ensino e que se encontram arraigados em muitas escolas impedem e recusam o fluir para uma educação de todos e para todos. Esse ensino tradicional do qual estamos falando tem uma concepção de aluno que não vai ao encontro das propostas para uma escola inclusiva, pois sob esse prisma o aluno não é sujeito de seu processo de construção histórica e social, ele não é o autor de seu processo de aprendizagem; ao invés, mero reprodutor, tábula rasa, folha em branco na qual o professor, aquele que detém o saber, supõe imprimir seu conhecimento.

Essa concepção cristalizada de aluno, professor, ensino e aprendizagem perpetua a marginalização de alunos que não se encontram dentro do padrão estabelecido pela escola; ou seja, do aluno que no tempo determinado pelo professor capta o que foi ensinado e reproduz em seus exercícios de fixação ou nas provas aquilo que já foi ministrado como conhecimento pronto, verdade absoluta.

Nesse contexto existe uma pseudo e comediante ideia que a homogeneidade se encontra presente em uma turma de alunos. Essa crença irreal tem levado por séculos professores a aplicarem métodos de ensino iguais para uma mesma turma, acreditando que todos aprendem da mesma maneira, no mesmo limite de tempo, numa mesma linguagem. E fadando à obra do fracasso aqueles que por qualquer motivo não produzem os mesmos resultados esperados.

Todavia, pode existir de fato turmas homogêneas? É possível produzir uma igualdade universal de seres humanos e promover igualdades universais para estes? O que dizer sobre a condição das diferenças entre os seres humanos? Que problemas encontramos no campo temático da inclusão que se colocam como divisores de águas no tempo e no espaço em que imigramos para uma educação de todos e para todos? E o que a diferença tem a ver com os processos educacionais dialógicos e inclusivos? Esses são alguns dos questionamentos que orientarão a produção desse pensar para além daquilo que já se encontra posto na esfera social. São desassossegos de nosso cotidiano, problemas que delineiam trilhas complexas, muitas vezes em uma solidão coletiva.

Gilles Deleuze é conhecido como um dos representantes da Filosofia da Diferença. Juntamente com seus companheiros Michel Foucault e Felix Guattari escreveu diversas obras que tratavam sobre a "diferença". Esses autores compõem nosso repertório para esta obra.

1 O universal e o singular

Queremos pensar a diferença em si mesma e a relação do diferente com o diferente, independentemente das formas da representação que as conduzem ao mesmo e as fazem passar pelo negativo.
Gilles Deleuze (1988, p. 8)

O "universal" não traz explicações plausíveis para coisa alguma. Ao contrário, precisa ser detalhado e explicado. Encontramos vetores que são como instrumentos de poder para universalizar, para domesticar o outro, para controlar o outro, para dominar e segregar.

A história da loucura e da clínica nos aponta à produção social de conjuntos de seres humanos em poder de ações clínicas e terapêuticas em uma incessante tentativa de normalizar a vida desde os primórdios do século XVII. Essa normalização foca na docilização do corpo e obtenção violenta de sua resistência, na padronização das pessoas aclamada pela sociedade que se orienta pela lógica do mercado, do produtivismo, do lucro, da manipulação do indivíduo.

O poder disciplinar, descrito por Foucault (1998; 2005), é constituído por dispositivos ou vetores que têm o propósito de produzir resultados de normalização na sociedade. Nesse contexto há dois modelos de vetores a partir das políticas de caráter macromolar e micromolecular. A política macromolar se refere a extensas dimensões de conjuntos binários e a micromolecular se destina a executar finas segmentações. Ambas são distintas, porém inseparáveis.

A macromolar diz respeito às sobreposições que demarcam os sujeitos, os objetos, as representações e seus sistemas que permitem pontos de contato ou relações entre uma coisa e outra. Já a micromolecular refere-se aos devires, aos fluxos, às passagens mutantes e de veemência. Essa passagem molecular extensa entre os extratos e o plano horizontal é denominada de transversalidade.

A exemplo, podemos dizer que, na molar, a segmentaridade é rígida, enquanto na molecular ela é flexível. Na primeira as representações são estáticas, enquanto na outra é processual. Na molar encontramos linhas e segmentos, enquanto na molecular estão os fluxos. As organizações identitárias se encontram na macromolar, e as multidões na micromolecular.

Mas até que ponto os conjuntos binários podem ser considerados como dicotômicos, forças opostas?

Figura 1 Binários
Fonte: A autora (2015).

Embora os objetos interlaçados não possam se confundir entre si, ambos são inerentes e não podem ser separados. Há uma coexistência, ou seja, uma existência comum e única em dilação. É indescritível a possibilidade de uma dimensão mais ou menos abrangente entre molar ou molecular. "As fugas e os movimentos moleculares não seriam nada se não repassassem pelas organizações molares e não remanejassem seus segmentos, suas distribuições binárias de sexos, de classes, de partidos" (DELEUZE & GUATTARI, 1996, p. 95). Inevitavelmente, estamos todos em ambos os processos, porém em distintas circunstâncias que se movimentam e se transformam.

Nesse sentido, é um equívoco de premissa axiológica supervalorizar a molarização para desvantagem à molecularização. Similar, do ponto de vista psicológico, é um desacerto baralhar molecular com individual ou naquilo que ocorre entre dois ou mais indivíduos e compendiar molar ao território social. E ainda, no que se trata ao tamanho, compreender molecular como uma configuração minguada e molar como grandiosa.

Portanto, no plano de consistência das máquinas é o molecular como matéria ínfima que faz a diferença. As consistências molares e moleculares se fundem umas em conexão com as outras. Do mesmo modo podemos nos referir ao universal e ao singular como dois conjuntos molares (binários) que além de coexistirem em um território molecular, também produzem uma molecularização do universal e do uno. Em todo o tempo haverá a flexibilização, um sistema micropolítico e molecular que simultaneamente existe com o afastamento e o totalizar dos segmentos rígidos.

Sob esse prisma é possível perceber uma cisão com o raciocínio dicotômico, de princípios opositivos que visam produzir afastamentos e incompatibilidades entre o Ser e o não ser humano, individual e coletivo, normal e anormal, psíquico e social, pois esse *apartheid*[3] acaba por se dissipar da razão.

---

3. Significa separação. Escolhemos o termo pelo significado histórico, cultural e social que nos traz. O *apartheid* trouxe violência e um significativo movimento de resistência interna na África do Sul, tendo como seu maior representante Nelson Rolihlahla Mandela, um sobrevivente desse regime excludente e segregador.

O plano universal não explica o social, tampouco o singular ou o uno podem ser explicados. O universal não constitui o total de uma série de operações realizadas em meio às relações com dois ou mais indivíduos ou mesmo no conjunto de forças dos enlaces de pessoas ou coisas que constituem um todo. Pois esse movimento relacional acontece em meio aos entes com suas singularidades já acentuadas.

O conceito de agenciamento descrito por Deleuze explica esse movimento como sendo uma linha de encontro entre dois mundos. A ideia de agenciar se opõe à de substituição ou identificação. O agenciamento supõe a criação de alguma coisa que está entre eu e o outro, entre os entes, jamais alojada em cada um separadamente. O agenciamento plural acontece no espaço temporal comum, não pertence a uma pessoa em particular e demanda a coparticipação dos entes, além de gerar a produção de singularidades (pessoais e plurais) por meio de processos de subjetivação que negociam a fragmentação heterogênea do ente humano.

Diz Guattari que "em certos contextos sociais e semiológicos a subjetividade se individua" e que, "em outras condições, a subjetividade se faz coletiva, o que não significa que ela se torne por isso exclusivamente social". Pois o coletivo se configura "no sentido de uma multiplicidade que se desenvolve para além do indivíduo, junto ao *socius*, assim como aquém da pessoa, junto a intensidades pré-verbais, derivando de uma lógica dos afetos mais do que uma lógica de conjuntos bem circunscritos" (1992, p. 19-20).

Sob a égide da Filosofia da Diferença, a igualdade de valor entre o plural e o agrupamento de indivíduos se ofusca e descaminha. O plural não se refere a pessoa determinada, é superfície para arquitetar, inventar sem cessar, é híbrido e mutante.

2 O diagnóstico universal e a diferença singular

Os critérios diagnósticos reunidos no Manual Diagnóstico e Estatístico de Transtornos Mentais, já em sua quinta versão, publicado pela Associação Americana de Psiquiatria (APA, 2014), são como vetores, dispositivos, forças em exercício como uma máquina óptica para ver sem ser visto, tal como a Classificação Internacional de Doenças (CID).

Funcionam no regime de enunciados que declaram profecias, materializam o abstrato pela subjetivação do outro e o coisificam, de modo que este já não é mais o João ou a Maria, porém a coisa nomeada de forma universal a partir do agrupamento de pessoas identificadas com um mesmo quadro de sintomas construídos socialmente na história pela cultura, o diagnóstico é como uma sombra no ser. A materialização da coisa no indivíduo marca sua identidade com matriz biológica, ignorando a presença de outros componentes históricos e sociais que constituem a pessoa como um ser singular.

O diagnóstico biomédico presente no DSM e CID é um vetor catalisador de descapacidades, déficits, ausências, prejuízos, falta de potência, anomalias, rigidez e espectros. É um mecanismo que coisifica, etiqueta, classifica, enrijece, padroniza, desiguala, mutila, aniquila, fere e mata o Ser singular. Serve para justificar a máquina jurídica às ações que segregam, punem,

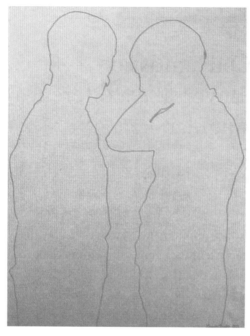

Figura 2 Sombra de Costa Pinheiro
Fonte: Lourdes Castro (1963)[4].

excluem, dopam, interditam o declarado incapaz ou anormal, usurpando sua identidade de ser humano.

A normalização enunciada pelo instrumento diagnóstico que aponta o que é o anormal parece bem-aceita pela sociedade que não questiona o biopoder; ao invés, o engrandece e o ratifica, pois quem poderia contrariar os saberes acumulados da medicina?

A sociedade planetária é cruzada pelo efeito secundário da normalização tal como quem toma um medicamento. Não há mais tempo para luto ou tristezas, pois tais sentimentos se enquadram no quadro de sintomas do depressivo. Alegrias, euforias,

---

4. Sombra de Costa Pinheiro (1963), pintura sobre tela de Lourdes Castro, uma artista plástica portuguesa [Disponível em http://111.pt/#/pt/artists/detail/lourdescastro/]

energia são categorizadas como transtornos de quem sofre de atividade demasiada. Psicometrizam os fenômenos psíquicos como se fosse possível mensurar inteligências e as classificarem de menores ou maiores, mais potentes ou menos potentes. Para toda fragilidade e/ou diferença existe uma ordenação. Posta a gradação entre o normal e o anormal, atribuem formas de normalizar o indivíduo, entre elas, a medicalização da vida escolar e da sociedade.

E já não é mais uma sociedade tão somente disciplinar, mas de controle em toda parte, a cada instante. Desde comportamentos mais comuns, a psiquiatria, uma das especialidades da medicina que doutrina doenças mentais e seu tratamento, se encarregará de ditar as regras de contenção.

> Não será mais simplesmente nessa figura excepcional do monstro que o distúrbio da natureza vai perturbar e questionar o logo da lei. Será em toda parte, o tempo todo, até nas condutas mais ínfimas, mais comuns, mais cotidianas, no objeto mais familiar da psiquiatria, que esta encarará algo que terá, de um lado, estatuto de irregularidade em relação a uma norma e que deverá ter, ao mesmo tempo, estatuto de disfunção patológica em relação ao normal (FOUCAULT, 2001, p. 205).

Os critérios diagnósticos constantes no DSM e que se materializam pelo laudo médico entrevado no indivíduo acabam por categorizar identidades agrupadas por diferenças, especificamente, por anomalias. Esse dispositivo biomédico, além de despersonificar pessoas, também produz conexões dessas categorias identitárias com a indústria da doença por meio da medicalização de fármacos e multiterapias. Em busca de "cura" os laudados como anormais se assujeitam a preparados farmacêuticos que, inúmeras vezes, geram irradiações colaterais paralelas ou quase paralelas que adoecem o indivíduo. De modo que, se antes não estavam enfermos, porém existiam em sua própria condição singular, agora, de fato, muitos adoeceram como resultado dos efeitos medicamentosos no corpo e psique. Medicalização produzida pelo domínio da psiquiatria desde o fim do século XIX e, hoje, ratificada, lamentavelmente, pela escola que se fundamenta em laudos clínicos para categorizar seus alunos com algum tipo de deficiência. A escola se expropria da educação e dá à medicina o poder de dizer quem é que poderá ou não aprender; quem será capaz de conviver com outros alunos; quem não conseguirá atingir os objetivos educacionais propostos pela escola; quem deve ter seu comportamento controlado para não atrapalhar os demais na sala de aula; quem deverá ser segregado; e, inclusive, quem poderá ou não receber atendimento educacional especializado.

Nessa expropriação da educação, a escola se confunde em sua função social e já dita aos pais daqueles que fogem ao comportamento social padrão esperado que levem seu filho ao médico e que peçam a prescrição de determinado medicamento. Por exemplo, uma criança com energia e curiosidade suficientes para resistir à docilização de corpos no âmbito escolar, após relatório feito pelo professor, psicólogo, entrevista com mãe, acaba por receber o diagnóstico de Transtorno do Déficit de Atenção e Hiperatividade pelo profissional da saúde (ou da doença?). O rótulo foi dado e com ele a prescrição para ingestão de cloridrato de metilfenidato (também conhecida como Ritalina ou Concerta). Vide bula, os efeitos colaterais que podem adoecer a criança que até então demonstrava ter muita energia:

> O nervosismo e a insônia são reações adversas muito comuns que ocorrem no início do tratamento com Ritalina, mas podem usualmente ser controladas pela redução da dose e/ou pela omissão da dose da tarde ou da noite. A diminuição de apetite é também comum, mas geralmente transitória. Dores abdominais, náuseas e vômitos são comuns, e ocorrem usualmente no início do tratamento e pode ser aliviada pela alimentação concomitante. Algumas reações adversas podem ser sérias: febre alta repentinamente; dor de

cabeça grave ou confusão, fraqueza ou paralisia dos membros ou face, dificuldade de falar (sinais de distúrbio dos vasos sanguíneos cerebrais); batimento cardíaco acelerado; dor no peito; movimentos bruscos e incontroláveis (sinal de discinesia); equimose (sinal de púrpura trombocitopênica); espasmos musculares ou tiques; garganta inflamada e febre ou resfriado (sinais de distúrbio no sangue); movimentos contorcidos incontroláveis do membro, face e/ou tronco (movimentos coreatetoides); alucinações; convulsões; bolhas na pele ou coceiras (sinal de dermatite esfoliativa); manchas vermelhas sobre a pele (sinal de eritema multiforme); deglutição dos lábios ou língua, ou dificuldade de respirar (sinais de reação alérgica grave). Se ocorrer alguma destas reações, o médico deve ser avisado imediatamente. Outras possíveis reações são: erupção cutânea ou urticária; febre, transpiração; náusea, vômito, dor no estômago, tontura; dor de cabeça, desânimo, cansaço; cãibra muscular, boca seca, visão borrada, perda de peso, mudanças na pressão sanguínea, perda de cabelo (NOVARTIS, 2013).

Não são raros os casos de suicídio infantojuvenil em que o medicamento utilizado para conter o sujeito em suas excentricidades era o cloridrato de metilfenidato. Inclusive casos de crianças que, na verdade, apresentavam altas habilidades e foram confundidas como deficientes intelectuais por não prestarem a devida atenção às aulas e ficarem inquietos em suas carteiras de aprisionamento do corpo.

O conjunto binário normal/anormal condiz uma marca biológica e, pela diferença categorizada, institui-se uma identidade molar que agrupa todos os indivíduos e os nomeiam a partir do vetor diagnóstico, os classificam a partir de características que se atêm a déficits e descapacidades que aniquilam qualquer possibilidade de potência. As condições moleculares e singulares são desprezadas, o que passa a importar é a totalidade na qual todos os que apresentam o mesmo quadro sintomático são homogeneizados pelo crivo dos critérios diagnósticos de caráter universal, planetário.

O universal, por equívoco (ou por ser um instrumento de manipulação do biopoder?), é compreendido pela sociedade como explicação para nuanças. Todavia, o universal (diagnóstico) é apenas um catalisador de anomalias criadas consensualmente pelo domínio da psiquiatria. Supostos transtornos que não podem ser submetidos a prova, oriundos de uma construção histórico-social das patologias. O universal (diagnóstico) nomeia, rotula, classifica, mas não explica cada uma das diferentes fases ou circunstâncias de algo, por tênue que seja a diferença cambiante entre eles. Ou seja, o singular não pode ser explicado, tampouco aprisionado numa única forma de existir apontado pelo dispositivo de caráter universal. Dispositivo esse que produz linhas segmentares, identidades fixas e estáveis, motivos para a institucionalização da segregação e da medicalização da vida, menosprezo de sujeitos que passam a ser subjetivados pela coisificação. Seja o diagnóstico clínico, disciplinar, crítico, dedutivo ou intuitivo, ele se constitui em um instrumento de poder que ratifica modos de vida rotulados e classificados dentro de um parâmetro identitário, universal. Em suma:

> É essa maneira de captar os processos de singularização e enquadrá-los imediatamente em referências teóricas por parte de especialistas, referências de equipamentos coletivos e segregadores. [...] A produção de subjetividade como instrumento do capital é percebida principalmente pelas elites: [...] as forças sociais que administram o capitalismo hoje. Elas entenderam que a produção de subjetividade talvez seja mais importante do que qualquer outro tipo de produção, mais essencial até do que o petróleo e as energias (GUATTARI & ROLNIK, 2005, p. 35-78).

Contudo, a micropolítica tem o potencial para construir coletivamente singularidades e produzir maneiras novas de subjetivação que tomam parte e interferem em suas relações internas e externas.

A resistência, a insubordinação à subjetivação dos vetores biomédicos, construídos socialmente na história e na cultura, aflora a possibilidade de agenciamentos vindouros que podem acometer impetuosamente a relação de forças na parte interior da teia, de modo a revelar pela enunciação a ruína dos tensores que prolongam a imagem de si mesmos e produzem outra de si, partindo dessa mesma imagem, mesma configuração.

O agenciamento vem a acontecer sob novos delineamentos da cultura, quer pela arte ou pela política e micropolíticas. A teia a ser tecida nas articulações e sob conexões moleculares é que possibilitará o desequilíbrio da subjetivação por meio das linhas de fuga, das vias de passagem construídas.

Figura 3 Piano ADN
Fonte: Claramunt (2014)[5].

---

5. Trujiz Guillermo Trujillo Claramunt, Espanha [Disponível em: http://www.artelista.com/obra/8074475037437344-piano-adn.html]. Segundo a literatura, o DNA (ácido desoxirribonucleico) é um aglomerado de **moléculas** que contém material genético.

Embora os modos de subjetivação tenham emergido a partir das garras do capitalismo que geram os modos de vida dos indivíduos, a criação pela arte ou pela ciência não se encontra plenamente assujeitada a esses mecanismos de controle. O singular se conecta em si mesmo dimensões distintas que abrigam possibilidades de insubordinação às representações fixas.

Nesse panorama o indivíduo é produzido em série para se agrupar às massas (em suas identidades). Já a subjetividade é produzida no assento social e se encontra em "todos os campos da produção social e material" de maneira a transitar pelos diversos complexos sociais, "assumidos e vividos pelos indivíduos em sua existência particular". No entanto, o político e o inconsciente entrançados subtraem-se à paridade absoluta, sendo possível constituírem-se por meio das naturezas semióticas, sintomáticas ou sociais (GUATTARI & ROLNIK, 2005, p. 41-42).

As forças de massa reduzem os processos de diferenciação à produção de variedades. A precariedade é notória e efêmera no decurso de tornar algo uno, singular. O perigo de esse processo retroceder para uma institucionalização ou facção sem importância é latente. São os marginalizados, esquecidos, invisíveis,

> são vítimas de uma segregação e são cada vez mais controladas, vigiadas, assistidas (ao menos nas sociedades desenvolvidas) [...] tudo o que não entra nas normas dominantes é enquadrado, classificado em pequenas prateleiras, em espaços particulares. [...] As minorias são outra coisa [...] elas reivindicam a não participação no modo de valores, de expressão da maioria (GUATTARI & ROLNIK, 2005, p. 122).

Não obstante, os tensores heterogêneos também medem forças numa tentativa de tomar posse de manejamentos que buscam o idêntico e desencadeiam outras linhas de fugas imprevistas. Fato presente quando dos agrupamentos categorizados por identidades se dá o acontecimento migratório de uma circunstância de marginalização para um devir que se constitui e apoia em uma minoria, trilhando e compondo espaços para distintos decursos de unicidade. Caminhos não conduzidos por uma revolução, porém, em uma constante transgressão criativa do que está posto na sociedade. Um devir minoritário contínuo, imprescindível para se sobreviver às massas e lutar suas lutas a partir de subjetivações criadas para além do que já existe, composto por sujeitos com necessidades da mesma natureza.

Nesse movimento de não se deixar ser engolido pela massa dominante e dominada, os sujeitos transgressores tomam posse de uma identidade como território existencial. Todavia, correm o risco de novamente caírem atrás das barras do cárcere classificatório. Assim, caminhando nas fronteiras e por entre elas, para além da transformação de uma circunstância, está o encontro do modo de Ser para construir recursos que abram brechas para a ruptura com a subordinação posta e corroborem a vontade de singularidade e diferença.

Para nós, o conceito de "fronteira" está pautado em Deleuze (1988; 1992; 2004). É um processo produzido histórica e socialmente sob o ponto de vista simbólico. As fronteiras são lugares de mutações, de transformações, de metamorfoses. E elas são professadas pela capacidade de transgredir ao que está posto; são imbuídas de multiplicidade, reciprocidade e relatividade. Nas fronteiras os confins e as raias são transpostas e outras potências são avistadas. A fronteira, a entrelinha, ensina-nos a conviver com as diferenças, com a incompletude do ser e das coisas. São locais onde acontece os devires. Onde há produção da *hibris*. Lugar onde se ecoa o grito. Onde a coexistência é evocada. É onde se encontram as linhas de fuga, as bifurcações, onde há encontros e desencontros. Onde a diferença prevalece na própria diferença. Onde há conexões e acontecimentos imprevisíveis.

No tocante à educação, a comunidade escolar pode escolher se posicionar para além da tolerância, da condescendência e da militância dos direitos dos alunos com deficiência, daqueles etiquetados pelos dispositivos dos critérios diagnósticos como transtornados. Há que se ver com outros olhos, compreender sobre outro prisma, quem é o sujeito da educação. Ter um desejo, uma vontade de diferença que está para além da tolerância ou da aceitação do outro. É encontrar um ponto em comum de conexão para reunir energia no plano plural para resistir e transgredir o paradigma universal (critérios diagnósticos do DSM e CID) que nada mais é que um mecanismo produtor de exclusão de massas agrupadas por semelhanças sintomáticas comuns. É encarregar-se da multiplicidade que nos constitui como Ser (nossa genuína identidade), como sujeitos singulares.

3 A busca da semelhança, da diferença e da cura pelo diagnóstico

Em sua obra *Diferença e Repetição*, Deleuze desequilibra o sentido semântico das duas palavras que levam o título de seu livro. A repetição rigorosa e pontual se relata com a supradiferença. Repetição e parecença ou aquilo que se parece idêntico não são da mesma natureza, há diferença.

A generalidade é da ordem das leis e como uma quase totalidade se apresenta em duas ordens: a qualitativa das semelhanças e a quantitativa das equivalências. O que é próprio da generalidade pronuncia a substituição de um teor por um que seja diferente. A repetição, por sua vez, não pode estar em vez de outra coisa, tem a condição de ser singular, não cabe na equivalência, tampouco na parecença.

O princípio ou a ideia geral do individual se eleva contra a totalidade do que vale apenas por si, do uno. O singular não pode ser universalizado. E, embora a linguagem científica permita a troca de um teor por outro, a poesia em sua arte tem em sua linguagem a impossibilidade de chamar à substituição.

A generalidade carrega em si a parecença dos subordinados a ela e sua igualdade de valor aos marcos estabelecidos pelas vias histórica, cultural e social pela lei. A lei coage e viola os que estão a ela subordinados como forma de representá-la a expensas de suas exclusivas alterações. Ao invés, a repetição é à força da singularidade, da diferença, contra a totalidade, o universal e esse último contra o singular, o uno. Por conseguinte, a repetição não é da ordem da lei, mas sim um prodígio, é subversão que se reporta a uma potência única que se distingue da condição da totalidade. A repetição não se encomenda à lei da natureza. Não há determinação de um eco a não ser o que foi criado pelo homem do dever, da lei. A repetição em seu caráter subversivo dá indícios de uma singularidade contrária ao que é próprio de certas pessoas subjugadas à lei. A repetição é subversiva, irônica e se manifesta exceção.

A repetição não se correlaciona ao passado, tampouco à linha do tempo presente, porém correlaciona-se ao futuro, no entendimento do eterno retorno que nunca traz o mesmo de volta, mas de renovação do ser na qualidade de devir, de acontecer sem fins preestabelecidos. E, segundo a lei da natureza, a repetição é intolerável e irrealizável. Por exemplo, embora a repetição genética (dos genes) seja enunciada nos critérios diagnósticos a cada vez que a Síndrome de Down ressurge pela trissomia do cromossomo 21 como um distúrbio genético, na realidade, nunca ocorre à repetição do cromossomo 21, mas sim sua multiplicação, pois as singularidades estão sobre o particular e não sobre o universal.

O diagnóstico biomédico (universal porque se baseia em critérios únicos no âmbito planetário) é um instrumento de lei que pode representar a repetição como uma semelhança intensa ou uma equivalência notável sem perceber a diferença de natureza entre ambas as coisas. A relação entre conceito e seu objeto se chama representação, havendo em todo tempo um conceito por cada acontecimento singular. No caso dos critérios diagnósticos, esses são representações que nomeiam, classificam de modo universal, as pessoas por um acontecimento. Os critérios diagnósticos criaram representações e conceito de anormal relacionados às pessoas que são consideradas semelhantes, como essas sendo seus objetos, de modo a coisificá-las. Mas a pergunta a se fazer é: Que parecença há entre os classificados, além da própria classificação? Há diferenças não conceituais entre objetos semelhantes, tal como os critérios diagnósticos e as pessoas diagnosticadas. O diagnóstico nomeia coisas em seres que são culturalmente conceituados como parecentes, iguais, porém são diferentes em suas singularidades. Na verdade, a repetição é o acontecimento de um conceito sinédoque finito. Mas o entendimento simultâneo do conceito não pode ir para o infinito, pois a palavra possui um entendimento determinado, limitado e tão somente nominal. E os conceitos nominais são finitos em seu entendimento. A repetição por meio do diagnóstico (conceito de compreensão finita) está relacionada às pessoas que recebem o mesmo conceito imposto por ordem do biopoder.

O diagnóstico tem como sua essência a repetição; repete sempre o que conceitua ser anormal. Como instrumento de lei do biopoder, ele perpetua a repetição do que diz ser universal. Contudo, na repetição está a diferença das singularidades em seres que são nominados como idênticos, mas que não o são. Aqui, pois, está a diferença na diferença.

O diagnóstico (universal) e a repetição estática sempre remetem a um mesmo conceito, substituindo só a diferença exterior (ex.: Síndrome de Down), porém, a repetição de uma diferença interna enuncia que cada pessoa é diferente em sua própria diferença. Todavia, o diagnóstico é um padrão somente invólucro de uma cadência. As desigualdades são alastradas desencadeando uma consequência para além da aparência com relação à dinâmica dos acontecimentos e seus cenários. A repetição produzida do "mesmo" (diagnóstico universal) disfarça, mascara a assimetria existente na própria repetição que na verdade nunca se repete, mas gera multiplicidade.

As singularidades do Ser arrolam suma diferença na repetição que é gritada pelo diagnóstico, um centro de repetições registradas e proféticas, instrumento do biopoder e de seus atores. O biopoder ao mesmo tempo elabora uma repetição que salva (justifica o diferente em sua anormalidade) e o aprisiona na materialização da coisa, subjetivação da anormalidade. A escola, por sua vez, se expropria da educação para encontrar legitimidade para a segregação e em seus mecanismos de exclusão, numa pseudoinclusão forjada na lei. Lei essa entendida como *juris*, porém também respaldada na lei promulgada pelo biopoder (diagnóstico), que nomeia quem é anormal já libertando o normal para controlar e vigiar o coisificado pelo consenso de alguns "normais", através do diagnóstico como instrumento legal e normatizador.

Não obstante, a aprendizagem não se faz na repetição do "mesmo". Nos processos pedagógicos que são dialógicos e inclusivos, inclusão significa "faça comigo". Logo, produzem-se as possibilidades de aprendizagem, por meio do signo a ser desenvolvido na diferença.

É possível falar de repetição quando de fato nos deparamos com elementos absolutamente homogêneos que possuem um mesmo conceito. Porém, esse não é o caso de pessoas com deficiências, pois elas não são idênticas, mas sim marcadas pelo diagnóstico com um mesmo conceito. A repetição é a diferença sem conceito. O diagnóstico nem sempre tem base científico-genética, muitas vezes é hipotético, feito de suposições, principalmente, aqueles que pela psiquiatria designam transtornos que não podem ser comprovados cientificamente, apenas são de observação comportamental. É estático, é a repetição no efeito, é a extensão. Repetição ordinária, horizontal. Desenvolvida e construída social e culturalmente. É repetição de igualdade, de simetria, é comensurável. É material, coisificadora. É aprisionadora. É a repetição nua. É exata em seus critérios revestidos. O diagnóstico biomédico é o efeito que causa a subjetivação da coisa na pessoa.

Todavia, as pessoas não se repetem. As pessoas ultrapassam com suas singularidades o conceito que lhes foi denominado pela força impositiva do biopoder pelo seu instrumento maior, o diagnóstico que universaliza. Esse instrumento de poder não possibilita haver nenhuma ideia singular da diferença. A diferença nesse contexto é o mal.

E por muitos entenderem a diferença ser o mal, buscam a cura ou paliativos que permitam algum tipo de normalização do indivíduo diagnosticado como anormal. O filme "X-*Men*: o confronto final" (2006) aborda e expressa cinematograficamente a descoberta de uma cura para os mutantes (os anormais) que podem escolher entre manter seus poderes extraordinários (suas potências singulares) ou então se normalizarem transformando-se em humanos. A descoberta dessa cura é produzida por uma empresa farmacêutica que proclama ter desenvolvido uma vacina que suprimirá o gene X que é o responsável pelos poderes singulares dos mutantes e que os torna diferentes dos seres humanos. Embora a repetição do gene X constitua a identidade mutante e pareie o binário opositivo com a identidade humana, as singularidades, as diferenças estão presentes entre os próprios mutantes. Logo, não é o X que determina a repetição conceitual, pois há mutantes interessados na cura desejando possuir uma mesma identidade que os humanos, porém há outros que se assustam e não querem deixar de serem eles mesmos, diferentes dos humanos. A cura dos mutantes é forte elemento para a eliminação de sua linhagem. O invento medicamentoso incita o surgimento de posicionamentos opostos entre os próprios mutantes, porém não existem discordâncias entre os humanos, atores da "cura".

X-*Men* em seus diversos episódios, baseado em uma história de quadrinhos da década de 1960, chama a atenção para atitudes discriminativas, segregação, aniquilamento, aprisionamento de seres denominados (classificados como anormais) mutantes. Por não serem humanos, não são aceitos na sociedade e por isso

35

acabam criando uma escola para si mesmos, uma escola especial para os mutantes, um lugar seguro para que possam viver em harmonia. Mas enquanto uns aceitam esse *apartheid*, outros mutantes se rebelam e chamam à guerra os seres humanos (normais). Acompanhando a trama é possível nos pegarmos "torcendo" cada hora para um lado das extremidades: ora para os mutantes, ora para os da nossa espécie. Em diversas cenas os mutantes são apresentados como sendo maus e extremistas, pois querem escravizar ou exterminar a humanidade. Em outras cenas outros mutantes representam aqueles que desejam a tolerância com os seres humanos, a convivência como iguais. E assim as identidades, mutantes e humanos, se diferenciam e fazem da diferença um motivo para a exclusão, ou para a segregação, ou para a tolerância, ou para a aceitação. O filme em sua arte expressa acontecimentos diversos embebidos de muita emoção e ação.

Mas o que há de diferente no filme (que a princípio é uma ficção) da vida real? Para Deleuze e Guattari em *Caosmose* (1992) a invenção na arte mobiliza devires e sensações que valem por si mesmos e independe de seu produtor (o artista), de seu público (os que são por ela afetados) e de outros fatores externos. A arte incita o diálogo entre o modelo (a norma) e o novo (a ruptura e invenção). A arte propositadamente faz o que pode ser desagradável a outrem, transgride leis, cria enfrentamento de paradigmas universais. A arte produz um mundo novo, ela renuncia os dispositivos que constituem uma ligação entre pontos. Ela é independente e libertária. São os conjuntos de sensações, o complexo de perceptos e afetos que conservam a composição artística. Os perceptos não são originários da percepção, tampouco os afetos os são dos sentimentos. Os afetos excedem os limites da comoção, vão além daquele que é traspassado pela sensação mobilizadora. A arte é potência de emergência, expressa o pensamento, é uma criação de possibilidades que se compromete com a diferença, porém não com o indivíduo. A arte entrelaça diferentes matérias e processos de criação. Ela se sustenta em si mesma e não necessita de um agente eterno para mantê-la, mesmo que deixe de ser exibida ou reproduzida novamente. O cinema inventa os perceptos que são extensões de territórios que se abrangem com um golpe de vista na história, no passado do homem, e os afetos são os devires fictícios. O conceito de devir não se cristaliza, tampouco ilustra, porém se dilata e personaliza. O devir é o que está por acontecer, se apresenta em sua incompletude mesmo tendo em si a potência de ser. Ele é sempre minoritário, anti-hegemônico, dependente de outrem, evita a individualidade. É linha de fuga. O cinema (assim como a literatura, a música, a pintura... a arte) é agenciamento plural de enunciação. Não se constitui de opiniões coletivas ou pessoais, mas sim de perceptos e afetos coexistentes. O devir não busca a identificação, e sim, o novo, e fazem mercê ao caos e ao complexo.

Em *X-Men* a luta dos mutantes é contra eles mesmos que passam a ser seus próprios inimigos. Acontecimento causado pelos atores dominantes do Planeta Terra que os classificam como anormais que necessitam de cura ou então de serem extirpados para não incomodarem a ordem cósmica. Contudo, ao mesmo tempo em que é mutante (pelo gene X), também não se vê desigual em sua modalidade. A aparência exterior esconde os atributos singulares, a potência de cada um. É mutante, mas nasceu de um progenitor humano, logo, é híbrido. É na "*hibris* que cada um encontra o ser que o faz retornar, como também a espécie de anarquia coroada, a hierarquia revertida, que, para assegurar a seleção da diferença, começa por subordinar o idêntico ao diferente" (DELEUZE, 1988, p. 49). Sem dúvida, não é doente e nem anormal, mas ele se diferencia na própria diferença. Portanto, a ideia de diferença não deve alegar oposição, pois é a própria oposição que presume diferença. Logo, é humano e mutante. (É híbrido – mas quem não o é?)

Assim, a identidade do Ser [designada pelo diagnóstico universal a diversos indivíduos (como se fossem objetos), mas do mesmo gênero (espécie), com o mesmo sentido (igualdade)] na verdade é constituída por aquilo que não é único nem igual, mas, ao contrário, é constituída pelos múltiplos grupos. A identidade do Ser não é aquela do parecente nominada pelo biopoder que supervaloriza o déficit, a doença, a incapacidade e por essa causa unifica a identidade dos que são singulares a partir das diferenças (elevando como negativo) como oposição ao que universaliza como normal.

A representação de outrem é imposta pelo biopoder por meio do diagnóstico. A representação do deficiente, do incapaz, do anormal em oposição a tudo que é contrário e que está normatizado como desenvolvimento normal – a perfeição, pseudo é claro, do Ser. A representação é estática e sem movimento, ela é condenatória da diferença e rechaça as singularidades do Ser. Esse Ser que só é idêntico quando relacionado à sua espécie, a espécie humana. No mais a diferença se afirma na própria diferença e a repetição se opõe à representação. Todavia, é preciso revelar a diferença diferindo.

O diagnóstico universalista é um dispositivo catalisador de déficits que acopla numa mesma identidade indivíduos com um mesmo quadro sintomático. Os atores do biopoder que criaram esse dispositivo, na verdade são observadores distantes que vislumbraram indivíduos a partir de uma visão sem realidade, de sombras, de espectros, de aparências que de uma maneira vaga parecem se assemelhar. Essa impressão de semelhanças é chamada por Deleuze de simulacro.

> O simulacro implica grandes dimensões, profundidades e distâncias que o observador não pode dominar. É porque não as domina que ele experimenta uma impressão de semelhança. O simulacro inclui em si o ponto de vista diferencial; o observador faz parte do próprio simulacro, que se transforma e se deforma com seu ponto de vista (DELEUZE, 1998, p. 264).

Na verdade, não há semelhanças, não há pé de igualdade, tampouco uma identidade. O observador externo (atores do bio-poder) na verdade tem apenas uma impressão de parecença. O simulacro é que, na verdade, produz essa marca, essa impressão no observador. É necessário que a diferença seja o próprio elo do diferente para com o diferente sem nenhum tipo de culminação ou conciliação pela semelhança, equivalência ou coisa oposta.

A condição binária (normal/anormal, doente/são, deficiente/não deficiente) é inconveniente e rude justaposição à diferença pelo fato de atribuir juízo de valor consoante a critérios do Mesmo e do idêntico, do parecente. Pelo diagnóstico de deficiente a criança é destituída de semelhança com outros da sua espécie (identidade do Ser), a saber, a humana. Por exemplo, o diagnóstico do Transtorno do Espectro do Autismo, por seu próprio termo (palavra) já lança a ideia: "A imagem fantástica de um morto, uma imagem que se vê na sombra". Em outro dicionário nos diz: "Grupo de enfermidades e males físicos aos quais se aplica um determinado medicamento". Em seu caráter chamativo negativo, o diagnóstico enuncia o devir, porém uma profecia realizadora, um acontecimento constituído apenas por déficits, paradigmas em detrimento do Ser singular que potencializa o mal, o que é suposto, o conjunto sintomático que aniquila o uno e supervaloriza a identidade universal. Ora, assim em *X-Men* como na vida real, a busca pela semelhança, pela diferença e pela cura através do diagnóstico só criam identidades que reforçam as contradições, o conjunto binário (normal/anormal, doente/são), o *apartheid* na sociedade, portanto, também na escola. O entendimento que somos todos seres de constituição híbrida está sucumbido pelas forças do biopoder, do poder político (do poder de vigiar, do poder disciplinar, do poder de controle) por políticas maiores que justificam o normal e o produtivo para perpetuarem o abismo, a diferença e o *status* entre dominantes e dominados.

4 As políticas e os problemas
O trato das probidades no seio da escola

Mencionamos no início deste ensaio as leis e documentos que norteiam as políticas afirmativas na educação do Brasil. Especificamente, leis e políticas que discorrem sobre o direito à educação de todos, ou seja, uma educação na perspectiva da inclusão. Ocorre ao mesmo tempo em que reconhecem a diferença nos aprendizes, também usam da mesma para diferenciar os mesmos e, assim, plantearem mecanismos de exclusão. Pela diferença homogeneízam o processo de aprendizagem de todos os alunos por meio de práticas pedagógicas dominantes, tradicionais, impositivas que tratam todos de forma igual. Em outras palavras, as políticas vigentes acabam por sempre reproduzir e perpetuar uma escola que produz diferenças, o que é bem ao contrário de se constituir nas diferenças que se diferenciam em sua multiplicidade por meio da enunciação do(s) outro(s).

As políticas afirmativas na educação brasileira traçam um objetivo maior voltado para excetuar tudo o que possa interferir ou prejudicar o projeto que representa sua pluralidade. Nesse sentido, mesmo havendo uma Lei de Diretrizes e Bases da Educação Nacional (BRASIL, 1996) e prescrevendo uma "Lei de Inclusão da Pessoa com Deficiência" (BRASIL, 2015) dentre outras leis e decretos, em sua aplicação cotidiana, intentam desterrar as diferenças, como se isso fosse coisa possível, ao invés de provocar possibilidades de transformação no seio da escola.

As brechas de termos existentes nas leis, tais como "preferencialmente" deram e dão margem para que mecanismos de exclusão sejam rotineiramente utilizados para excluir algum aluno da escola de ensino comum ou, então, pseudalizar a inclusão a partir de propostas de integração do aluno com deficiência que ora o mobilizam para salas de ensino especial, ora para instituições especializadas, ora para salas de ensino comum.

O diagnóstico clínico é o instrumento dispositivo para irrompê-lo de barreiras atitudinais excludentes do aluno que é entendido como diferente. Numa pseudotentativa de tolerá-lo como diferente, usam desse vetor para nominá-lo, categorizá-lo e, assim, dentro do *juris*, os atores dominantes na escola se apoiam para dizer quem poderá ou não receber atendimento educacional especializado, quem terá ou não direito a prova com adequações, quem não terá capacidade de acompanhar os demais alunos da classe, quem deverá provar que está sendo medicado (ou medicalizado?) para continuar sendo consentido por suas diferenças. O diagnóstico é o instrumento balizador de quem é de fato doente/deficiente/anormal daquele que é mequetrefe. O diagnóstico biomédico, dispositivo da medicina, principalmente da psiquiatria, tem ganhado espaço dentro da escola e essa, por sua vez, por meio de seus atores, expropria-se da educação e sua atribuição social. Fazer uma prova com um tempo a mais só se o laudo diagnóstico justificar... E é nesse compasso das políticas afirmativas na educação nacional que os mecanismos de exclusão vigoram, propagam-se e se perpetuam.

Se o problema era favorecer a inclusão de todos, a equivocada solução foi homogeneizar as práticas pedagógicas. Se o problema era não dar trela aos desavergonhados, a solução hostil foi impetrar a diferença pelo diagnóstico biomédico. Se o problema era a falta de conhecimento dos professores sobre os muitos quadros sintomáticos, a solução indelével foi dar o poder de categorizar aos especialistas. Solução maior, projeto coletivo para a nação. Extirpação das diferenças pelas próprias diferenças.

Contudo, a dissidência maior não foi o debruçar sobre os problemas encontrados, mas sim outorgar com rapidez as soluções para fazer desaparecerem os problemas como num passe de mágica. Mas, na perspectiva contributiva de Deleuze, o mais importante é criar problemas e não se submeter a eles. É, na verdade, gritar o problema!!! Desbravar os problemas que nos afetam, que afetam a escola, que afetam os aprendizes, que afetam o processo pedagógico dialógico e inclusivo, que afetam a probidade das políticas públicas na maneira como são tratadas pela escola e na escola.

Ora, o termo probidade está explicitamente relacionado com o cumprimento dos deveres, da justiça, daquilo que é moral, da honra, da honestidade no âmbito da política e da gestão. Mas não somos todos nós cidadãos políticos e gerenciadores, agenciadores? Se assim nos constituímos somos a todo tempo tomados por circunstâncias de problematizar o que é difícil de explicar, de nos posicionarmos frente às bifurcações, conscientes que a neutralidade não existe. Certo é que do problema se germina a verdade.

Problematizar os problemas vai além da busca imediatista de soluções claras e objetivas tal como ocorre nos pressupostos do cartesianismo. Problematizar os problemas é buscar modos de criar, de inventar o novo a partir do próprio problema, sem a ilusão e o desespero de "dar" a solução e pôr fim às discussões ou angústias. Podemos nos atrever a dizer então que, ao ouvirmos essas afirmações: "A deficiência é o problema...", "O aluno com deficiência é o problema...", "A inclusão é o problema...", "Não estar preparado para a inclusão é o problema...", "Os outros são o problema..." – na verdade, são tão somente ilusões que transferem os "problemas" sobre teses, afirmativas ou pontos de vista hipoteticamente já existentes, opinativos. Julgamentos diversos como forma de examinar os mesmos conforme as possibilidades solutivas discriminadas por variáveis condicionadas ao que é exterior e não à gênese do que é posto como enigma que efervesce à produção do pensamento.

Nesse sentido muito mais frutífero é indagar: "Quais são as condições do problema da inclusão?" E sabendo, pois, que os problemas são as próprias ideias, problematizar que possibilidades de desenlace podemos criar no âmago engendrado dos problemas latentes na própria inclusão. Por conseguinte, a questão maior não é deixar a inclusão ao esquecimento e irrealização, tampouco nos determos a elementos analíticos para explicarmos por que ela não funciona. Isso não é buscar a verdade pela gênese do problema. A problematização não é algo simples, ao contrário, é complexa. O problema tem sua existência no interior de suas próprias resoluções. São argumentativos e nunca estáticos. Assim, o aprendiz (todos nós) constitui e cria problemas que não se reduzem à prática da mesma maneira que não se deixa influir pelas aparências nem por teorias. O aprendiz aprendente descortina o que se aplica a tudo no rol do que compõe a ideia e na qualidade do que é singular, único, de modo condigno. Em outras palavras, aprender a fazer acontecer a inclusão com vistas à educação de todos e para todos no espaço de aprendizagem comum é aprender a conciliar peças de igual importância dos domínios de conhecimento que são apresentados com os modos singulares de aprender de cada aprendiz, constituindo assim um espaço problemático com possibilidades infinitas de invenção e re[6]-invenção do novo, sem o estabelecimento de medidas paliativas ou padrões de realização.

---

6. O prefixo RE- tem um significado próprio e quer dizer "de novo". Optamos por utilizá-lo em nosso trabalho.

Nesse processo pedagógico dialógico e inclusivo a homogeneização do ensino é algo inaceitável, pois cada um aprende do seu próprio jeito, ritmo, levando-se em conta suas singularidades. Aprender está para além do inatismo, daquilo que é regulado pelo fator biológico. Mais uma vez, o diagnóstico biomédico não deve ser um dispositivo para discriminar e profetizar quem irá ou não aprender. Até porque para nada serve o laudo diagnóstico biomédico para o mestre, uma vez que as metodologias para aprendizagem devem ser construídas junto COM o aprendiz e não a partir de critérios universais. Devem ser construídas a partir das demandas singulares em sua multiplicidade e não impostas na forma de modelo uno. Assim,

> as diferenças de multiplicidades e a diferença na multiplicidade substituem as oposições esquemáticas e grosseiras. Há tão somente a variedade de multiplicidade, isto é, a diferença, em vez da enorme oposição do uno e do múltiplo. E talvez seja uma ironia dizer: tudo é multiplicidade, mesmo o uno, mesmo o múltiplo (DELEUZE, 1988, p. 174).

A inclusão na qualidade de ser problema é da ordem do acontecimento, e a invenção ou re-invenção de si mesma para o desenlace de circunstâncias-problemas emana como um acontecimento real, pois as condições do que é difícil explicar denotam acontecimentos, colaboram em um intuito comum. A inclusão não é coisa simplista, abstrata nem de categoria universal; porém é um problema fundamental, complexo em sua multiplicidade e se expressa nas possibilidades de seu acontecimento, muitas vezes, incógnito. A repetição, por sua vez, causa a mutação do problema considerado, de maneira tal que preserva o teor lídimo da inclusão (problema). Não obstante, a repetição do acontecimento da inclusão não é o "mesmo" nem o simples "ver de novo"; porém seu acontecimento possibilita diferentes formas de ser reconhecida como verdadeira, legítima ou possível enquanto problema fundamental que é. A repetição do regresso da inclusão nas mais diversas circunstâncias e espaços de aprendizagem revê singularidades sem, contudo, reduzi-las às identidades preexistentes, preestabelecidas, preconceituadas.

A inclusão pressupõe "fazer COM o outro", "aprender COM o outro" e não sozinho, isolado, segregado, marginalizado. Apresentar a inclusão como essência de um problema representativo da não aprendizagem de crianças com deficiência em espaços de aprendizagem comum, ou da dificuldade do acompanhamento do ritmo dos outros alunos, ou de atrapalhar o desenvolvimento dos demais alunos; é, na verdade, um "não ser" da inclusão, e esse "não ser" é a ideia principal do problema. Portanto, não há relação entre a inclusão ser de aspecto negativo ou, então, negá-la em face dos problemas encontrados. O negativo é simplesmente uma ilusão, configura-se só o espectro do problema. As hipóteses fundamentadas em conceitos preexistentes e juízos de valor da inclusão ser negativa ou de "não dar certo", na realidade, obscurecem a verdadeira sustentação do problema (inclusão). Sua crítica negativa resulta como ineficaz perante a inclusão como problema fundamental.

O debate e o embate da inclusão não são mais algo novo. Todavia, em sua constituição de Ser um problema fundamental, ela (inclusão) sempre se renova e está sempre vestida de controvérsias e acaloradas discussões e indagações que penetram e abalam a organização e a estrutura do sistema de educação no qual estamos arribados. E a cada vez que a inclusão se repete como problema, ela desequilibra as pseudocertezas sobre a pragmática do ensino que desde o século XVI tem sido cultuada no espaço escolar desde a educação infantil até os cursos superiores. A inclusão põe em xeque o tradicional estático e transgride os alicerces de uma sociedade disciplinar e de controle.

Figura 4 Desequilíbrio
Fonte: A autora (2015).

A inclusão como problema fundamental faz conexão com a probidade nas políticas afirmativas de educação, bem como exige a honradez das escolas não possibilitando haver fraudes em seu processo, uma vez que ela não existe isoladamente, pois seu movimento nunca é para fora, ademais, para dentro. Ela não é um modismo, mas o eterno renovo para o presente e para as futuras gerações.

A inclusão cria o embate dentro do espaço escolar em resistência às políticas maiores do plano coletivo que anulam as pelejas que a comunidade escolar necessita encarar para saírem da mesmice e re-inventarem novos caminhos para uma educação democrática e emancipadora que contemple incondicionalmente a todos.

Ela em sua tenacidade não tolera o pensamento cristalizado, as práticas deterministas de aluno ideal, os vetores de exclusão, a procrastinação do que é justo, o *apartheid* daqueles que se encontram fora do padrão homogêneo estabelecido pela sociedade. Aliás, padrão esse ilusório, pois não há homogeneidade nos seres humanos. Ela não se conecta com discursos de igualdade que de forma dúbia servem e respaldam a extração pela diferença.

A inclusão, enquanto problema que é, provoca a escola o tempo todo a re-pensar o que fazer para que de fato não ocorra uma pseudoforma de si mesma. Ela incomoda, pois não é homo ou anômala, porém híbrida, uma vez que ela coexiste encerrada nos espaços que a princípio a rechaçam. Visto que não há porque se invocar a inclusão onde não há excluídos.

Em sua exigência pela probidade nas políticas educacionais e na escola, a inclusão não consente com a criação de identidades organizadas a partir de categorizações fundamentadas na diferença e na igualdade. Ela rejeita veemente a subjetivação do outro por meio das profecias realizadoras do diagnóstico enquanto dispositivo de exclusão. Ela contraria os padrões de desenvolvimento presentes nas mais diversas teorias e rumina os aprestos que dão a ilusão de poderem medir a inteligência, a complexidade humana. Ela retira a escola da zona de conforto para que perceba que a solução não é fingir que lida bem com as diferenças, tampouco se iludir que a tolerância, aceitação, amenização das e nas circunstâncias problemáticas da inclusão sejam ações não excludentes.

A inclusão reclama a probidade todo o tempo, o tempo todo. Ela está para além da massificação do ensino por uma fabricação de trabalhadores para a sociedade do consumo. Também não serve a formações sociais que têm como plano dominar o outro, controlar, impor seu poder opressor que seja pelo sistema socialista ou anarquista, tampouco é utópica. A inclusão faz conexão maior com as possibilidades de aprendizagem de todas as pessoas, levando-se em conta suas singularidades. Ela está acima da função social da escola que serve aos interesses do Estado.

A inclusão se insere e está contida nos espaços mais opositores a ela. Ela coexiste junto à desigualdade social, junto aos vetores biomédicos de exclusão, junto aos grupos identitários. A inclusão tem sua existência nas diferenças que se diferenciam. E em seu eterno retorno, a cada vez que um aluno sofre a crueldade da exclusão e da escotomização daqueles que tentam a ocultar com medidas temporárias, parcialmente eficientes ou ineficientes, a inclusão grita pela sua sólida e complexa existência, independente das circunstâncias adversas, pois ela se faz presente por todas as sutis e exageradas formas de indignação que são expressas das mais distintas maneiras e que ecoam contrárias à discriminação, ao *apartheid*.

A inclusão em seu decoro importuna a comunidade escolar a re-ver, re-pensar, re-criar suas formas de ser para abandonar sua estrutura organizacional perversa e excludente. Ela reclama novos modos de promover a aprendizagem para a turma toda em espaços comuns a todos, a partir de seus eixos de interesse e de seus potenciais.

A inclusão em sua complexidade chama a atenção da comunidade escolar para com as políticas maiores e os problemas a serem tratados com justiça e honradez de modo que ninguém seja deixado de fora e que nenhuma solução seja simplesmente paliativa.

5 A inclusão menor
Pelo microscópio se vê maior

As políticas afirmativas para a educação brasileira postulam um acervo de leis e decretos de ordem nacional e internacional que versam sobre o direito de todos à educação. Constituem-se de instrumentos universais que norteiam o plano nacional de educação na perspectiva da educação inclusiva. Contudo, mesmo existindo as leis, coexistem as brechas aniquiladoras da probidade, bem como as fendas para descender à jurisprudência. Essa última, oriunda do Direito Inglês com o propósito de se posicionar defronte com usanças, modos de viver incomuns, além de contornar as falhas existentes no sistema jurídico e emergindo conteúdos de parâmetro legal a partir de precedentes julgados para o tratamento de casos similares no futuro. A jurisprudência acaba por ser ainda mais importante em seu acontecimento do que as próprias leis. Ela se abastece e se constitui não pelo complexo de leis maiores, porém pelos acontecimentos menores, particulares, singulares.

Assim como em *Kafka, por uma literatura menor* (DELEUZE & GUATTARI, 2003), podemos espelhar o problema da inclusão. Esse livro é uma reunião de ensaios realizados por Deleuze e Guattari, a partir de temas e questões presentes na obra de Franz Kafka. Constitui-se de diversas análises e questionamentos não só sobre a obra de Kafka, mas de todo um período político e social. Literatura menor, conceito utilizado por Deleuze e

Guattari, em uma dimensão que se fundamenta na ideia de desterritorialização que diz respeito a um desconjuntamento desencadeado pela perda do verdadeiro caráter cultural a partir da marginalização de grupos étnicos que se tornam estrangeiros em sua própria língua e subtraem na indigência da língua a potência criadora. O sentido de "menor" nesse contexto está relacionado a um devir que pertence a uma minoria e que produz linhas de fuga para a linguagem de maneira a re-inventar resistências e potências (DELEUZE, 1992).

Embora existam leis e políticas maiores que a orientam, a inclusão sempre re-torna e se re-cria em espaços muitas vezes hostis de disputas e conflitos de ordem cultural, política e territorial, emergindo o caos e desequilibrando o que parecia estar harmonizado. Na verdade, ela grita e ressuscita o silenciado.

Uma inclusão menor, roubando e fecundando o conceito de "menor" latente em "Kafka" por meio de seus autores, não é uma inclusão minguada, de menos-valia, inferior. Porém, entendemos que é a inclusão que se faz todos os dias nos mais diversos e minúsculos espaços de aprendizagem, independente da lei maior, mas sim pela convicção de que seus pressupostos são como uma organização de crenças, um *belief system*[7], uma filosofia de vida que a minoria gera no território de uma política maior.

A inclusão que não é pseudalizada é aquela que se faz presente para além do papel, para além do abstrato e do intelectual das políticas promulgadas. É aquela que não é estacada por obrigatoriedade da lei para que os outros a vejam existir na escola, sem motivos de denúncia que atrapalhariam o bom e desejável andamento legal da instituição. A essa inclusão que coexiste nas fronteiras, na linha divisória do enlace binário, excluídos/incluídos, é que chamamos de inclusão menor.

---

7. O termo conota um sistema de crenças. Algo conjunto, constituído por princípios e valores que dão sentido e significado aos modos de viver. Uma filosofia de vida.

Figura 5 Believe
Fonte: Donna Williams[8].

A inclusão menor, que não é anunciada nas redes sociais, nos meios de comunicação televisivos, que não aparece em matérias de jornais, que não se torna um exemplo de conquista nacional, mas que é um acontecimento provocador de devires e chama à desterritorialização para o acesso de todos, sem discriminação à educação. A inclusão menor que se faz como produção de um *belief system* transgride os padrões universais de categorização pela diferença e ocorre para além de sua obrigatoriedade prescrita na lei.

---

8. *Believe*, quadro pintado por Donna Williams, uma mulher com autismo. Disponível em seu site oficial: http://www.donnawilliams.net/Gallery/Large/slides/Believe.html

Ela torna possível o acesso e permanência de todas as crianças, de todos os adolescentes, jovens, adultos e idosos nos espaços de aprendizagem. Ela provoca o rompimento com o paradigma cartesiano de ensinar a todos da mesma forma, pois demanda considerar as singularidades no processo de aprendizagem a partir do problema da re-invenção de estratégias metodológicas que emergem a potência criadora junto aos aprendizes de modo a transgredir o que está posto conceitualmente, inclusive a descolonização do pensamento em prol da produção de saberes não hierarquizados (DELEUZE, 1975). Portanto, exige que todos (professores e alunos) se vejam e se concebam como aprendizes, sem hierarquização de saberes ou poderio, mas sob formas de compartilhar conhecimentos e aprender de outras maneiras.

Contudo, não se trata da existência de um binarismo entre "inclusão menor" *versus* "inclusão maior", pois nos pressupostos de Deleuze no contexto de Kafka, a língua menor sempre acontecerá no âmago da língua maior como uma combinação engenhosa de tensão na língua preponderante (DELEUZE, 1977, p. 38-39).

Menor, no sentido deleuziano (1977), é aquela maneira habitual de proceder que avoca sua importância escassa e secundária no tocante às representações e ideologias da língua (em nosso caso, da inclusão) e que admite o desterro nas entranhas dos costumes palradores da maioria de modo a se tornar como um forasteiro em seu próprio território, em sua própria língua, consentindo aparecer à inflexão particular regional e o não reconhecimento daquele que fala fora do lugar ou daquele que toma para si espaços de anonimato, descaracterizados e impessoais. A essa inclusão que coexiste nas fronteiras, na linha divisória do enlace binário, excluídos/incluídos, é que chamamos de inclusão menor.

A inclusão menor, além de se constituir nas fronteiras, nas linhas divisórias, no meio da ponte e não em suas extremidades que determinam quem está a favor ou contra ela, conecta o sujeito no contíguo cenário histórico, político e social. Torna real o acontecimento do agenciamento plural do enunciar de vozes antes silenciadas.

> Agenciamento é uma multiplicidade que comporta muitos termos heterogêneos, e que estabelece ligações, relações entre eles, através das idades, dos sexos, dos reinos – através de naturezas diferentes. A única unidade do agenciamento é de cofuncionamento: é uma simbiose, uma "simpatia". O que é importante não são nunca as filiações, mas as alianças, ou as misturas; não são as hereditariedades, as descendências, mas os contágios, as epidemias, o vento (DELEUZE & PARNET, 2004, p. 88).

Essa inclusão menor transgride o convencional, a tradição de supervalorizar certos conhecimentos escolares/acadêmicos em detrimento de outros; de subestimar sujeitos que tiveram sua identidade de Ser embrutecida pelas profecias realizadoras do diagnóstico biomédico universal. Ela não desqualifica alguém pela materialização de quadros sintomáticos. Ela não cede aos modos de subjetivação provenientes do biopoder. Mas avante, para além de uma revolução, a inclusão menor cria condições para que transformações ocorram na sinuosidade da educação que, contida na lei, está ordenada; porém, em muitas ocasiões, desviada pelos anseios políticos de um projeto coletivo para nação que não deve ser desequilibrado por acontecimentos imprevistos, a serviço sempre dos interesses do Estado.

A inclusão menor, diferentemente daquela que está contida nas leis e que se conhece mais em sua forma universal-abstrata, faz-se presente como um acontecimento acolá da controvérsia e polêmica terminante. Ela não pode ser categorizada e fixada ou compreendida como algo estático. Mas com radical inovador ela coexiste no campo molar e molecular e possibilita o aprender e o compartilhar saberes por meio de variadas formas de expressão, sempre considerando as singularidades dos sujeitos, a diferença na diferença em sua multiplicidade. Ela é um movimento sempre em atualização.

> Se elas se distinguem é porque não têm os mesmos termos, nem as mesmas correlações, nem a mesma natureza, nem o mesmo tipo de multiplicidade. Mas, se são inseparáveis, é porque coexistem, passam uma para a outra, segundo diferentes figuras como nos primitivos ou em nós – mas sempre uma pressupondo a outra (DELEUZE & GUATTARI, 2004, p. 90).

As diferenças de multiplicidades e a diferença na multiplicidade substituem as oposições esquemáticas e grosseiras. Há tão somente a variedade de multiplicidade, isto é, a diferença, em vez da enorme oposição do uno e do múltiplo. E talvez seja uma ironia dizer: "Tudo é multiplicidade, mesmo o uno, mesmo o múltiplo" (DELEUZE, 1988, p. 174).

O conceito de inclusão menor aqui esculpido pode aparentar discrepância com aquele estabelecido por Deleuze (1977). Isto porque, a princípio, a inclusão menor deveria ser benéfica apenas para a minoria, os nomeados e classificados como excluídos. Mas no entendimento de que não há identidades, mas apenas uma identidade (a de ser humano) e de que a diferença é todos, é própria da espécie humana e não somente daquele nomeado como deficiente, a inclusão menor em sua potência acaba por ser benéfica a todos, uma vez que ela desterritorializa o território dos excluídos e dos incluídos, uma vez que todo ser humano, em algum momento, vive circunstâncias no papel de excluído e de incluído.

> Toda sociedade, mas também todo indivíduo, são, pois, atravessados pelas duas segmentaridades ao mesmo tempo: uma molar e outra molecular. Se elas se distinguem, é porque não têm os mesmos termos nem as mesmas correlações, nem a mesma natureza, nem o mesmo tipo de multiplicidade. Mas, se são inseparáveis, é porque coexistem, passam uma para

a outra, segundo diferentes figuras como nos primitivos ou em nós – mas sempre uma pressupondo a outra. Em suma, tudo é político, mas toda política é ao mesmo tempo macropolítica e micropolítica (DELEUZE & GUATTARI, 2012, p. 90).

Com relação à noção de diferença em Kafka, os autores enunciam: "Porque nós não enxergamos qualquer diferença entre todas essas coisas (Quem pode afirmar a diferença que há entre uma oposição diferencial estrutural e um arquétipo imaginário cuja propriedade é a de diferenciar-se?)" (DELEUZE & GUATTARI, 2003, p. 25). É por sermos da espécie humana que apresentamos imensas diferenças, pois somos idênticos em nossa única identidade de ser humano. Logo, a inclusão que acentuava certa territorialidade factícia se torna um centro de perturbação das circunstâncias e das pessoas, uma espécie de membrana que se liga arrojadamente ao processo de desterritorialização.

Por conseguinte, a cada ocasião em que a inclusão é invocada pelos excluídos, os atores das comunidades de aprendizagem, dos espaços de aprendizagem, aqueles que tecem teias colaborativas e de solidariedade, são chamados a re-inventar a inclusão, uma vez que não há métodos ou receitas para fazê-la. O que há são pressupostos de um *belief system*, uma organização de crenças que dá vida e concretização ao acontecimento da inclusão, esquadrinhando em sua condição de ser um problema fundamental, possibilidades de favorecimento da aprendizagem para a turma toda, sem soluções imediatistas ou paliativas, porém com tessitura que compreenda e acolha as diferenças, as singularidades, como algo próprio da espécie humana.

A organização de crenças, neste sentido, é um conjunto de valores e princípios que permeiam documentos nacionais e internacionais sobre inclusão. Esses dizem que todas as pessoas têm direito a educação e que todas têm possibilidades de aprendizagem. Princípios como a acessibilidade em seu sentido pleno e respeito à diferença são fundamentais no processo de inclusão. Mas esses princípios e valores não devem ser considerados como específicos, pois eles se multiplicam para além das legislações a cada circunstância em que a inclusão precisa ser re-inventada.

Na inclusão menor esses acontecimentos não ocorrem apenas para contemplar a legislação e legitimar as intenções do Estado. Essa organização de crenças no contexto da inclusão menor gera uma filosofia de vida que abarca a comunidade escolar, uma filosofia não utilitarista ou específica, mas que se propõe a pensar a inclusão como um problema fundamental, e a partir dela mesma re-inventar as ações inclusivas no entendimento que as pessoas aprendem de modos e caminhos diferentes que se multiplicam, de modo que o diagnóstico universal não determina quem é o aprendiz.

O caminho da inclusão não é algo fácil ou simples de se trilhar ou compreender. Na realidade é complexo, pois não despreza as mazelas existentes nos diversos contextos e circunstâncias; não finge ausência de obstáculos; não supervaloriza determinadas ações em detrimento de outras; tampouco elege práticas pedagógicas iluminadas para se fazer materializar. A inclusão menor o tempo todo em todo o tempo se constitui nas fronteiras, nas entrelinhas, na linha divisória, no meio da ponte, onde todos caminham, onde a natureza híbrida da condição humana se faz presente.

Portanto, sempre percorre longos trechos sem dar as costas à desterritorialização em razão da necessidade de se manter tenaz. A inclusão menor é que revoluciona, que transgride, que transforma a inclusão maior (prevista na lei) em acontecimento dialético, dialógico, engenhoso. É ela que é intensa e pertinaz. Ela subsiste à envergadura da inclusão legalista que ora serve aos interesses do Estado, ora concede o direito ao cidadão, ora se dobra à microfísica do biopoder. A inclusão menor subsiste e coexiste à inclusão legalista, porque seu vigor e fortalecimen-

Figura 6 A ponte
Fonte: A autora (2015).

to rizomático se encontram no *belief system* que constituem modo de ser, uma filosofia de vida de seus sujeitos-atores que concebem e percebem a inclusão para muito além do que está anunciado na legislação. E, por convicção, fazem suas escolhas por uma inclusão menor, sem a pseudalizar, sem a macular, sem perpetuar mecanismos de exclusão que podem ser sutis, porém potencialmente maléficos.

Assim como o microscópio está para a visibilidade de objetos de excessiva pequenez, a inclusão menor está para amplificar aquilo que é abstrato e intelectual, presentes nas políticas de educação na perspectiva inclusiva.

6 Entre linhas e fronteiras

Muitas são as linhas divisórias, as fronteiras que separam um povo do outro, embora nossa única identidade real seja a de ser humano. As demais identidades criadas por categorizações tentam nos absorver a todo instante. Pertencer a um grupo social (identidade) para não se encontrar isolado é algo tão comum e, muitas vezes, necessário, como o oxigênio para manutenção da sobrevivência. As fronteiras são invisíveis, porém enunciam as diversas maneiras de dominação do outro por meio de políticas cartográficas das distintas áreas, desde a econômica até a hierarquização de saberes. Esse *apartheid* desenhado pelas linhas invisíveis são vetores para a exclusão social, pois determinam como as pessoas, o "outro", são vistas e concebidas. Caso típico que pode ser exemplificado a partir das teorias pós-colonialistas onde há a presença de um colono e de seu colonizador, e, consequentemente, há ou haverá a presença de um mestiço, cuja natureza será híbrida, mutante.

Nesse contexto poderíamos dizer que a escola cartesiana, inflexível, perpetuadora da homogeneização e da hierarquização de saberes, na verdade, uma instituição de poder, tem seus alunos como meros colonizados controlados, desapossados de seus saberes emanados em suas vivências.

Para Fanon,

> a descolonização é o encontro de duas formas congenitamente antagonistas, que têm precisamente a sua

> origem nessa espécie de substantificação que a situação colonial excreta e alimenta. O primeiro confronto dessas forças se desenrolou sob o signo da violência, e sua coabitação – mais precisamente a exploração do colonizado pelo colono – prosseguiu graças às baionetas e aos canhões. O colono e o colonizado são velhos conhecidos. E, na verdade, o colono tem razão quando diz que "os" conhece. Foi o colono que fez e continua a fazer o colonizado. O colono tira a sua verdade, isto é, os seus bens, do sistema colonial (2005, p. 52).

A docilização dos corpos pelo poder disciplinar e poder de controle regula o outro, muta o corpo em frações de órgãos, aniquila e embrutece o indivíduo que se assujeita ao poderio colonizador, de modo a tornar-se fragilizado e vulnerável a todo tipo de brutalidade, tanto física como psíquica. Esse corpo sob o crivo da colonização que a tudo converte em capital é ajuntado conscientemente por categorias de igualdade a partir de identidades preestabelecidas que, na verdade, convertem-se nas formas mais incivis de diferença, de desigualdade social.

Não diferente, o mesmo ocorre junto ao aluno com deficiência no espaço escolar. Ele é colono. Suas diferenças, suas singularidades, seu jeito de ser, sua subjetividade, seu corpo são desconsiderados, sendo concebido como um (1) a mais na estatística da instituição que serve aos interesses do Estado e cuja função social está bem distante de uma educação emancipatória. Ser um (1) a mais significa que ele é tão somente um elemento de produção para os fins do capital, consequentemente, invisível à sociedade. Como colonizado, ele é oprimido e silenciado, sofre o *apartheid* e cai no esquecimento social.

Embora políticas e leis sejam promulgadas para a inclusão socioeducacional do aluno com deficiência em escolas regulares, esse na verdade encontra-se sempre em risco, na corda bamba de ter, de fato, seus direitos assegurados; pois, na condição de não pertencer ao padrão preestabelecido pela sociedade, as instituições recorrem ao Estado como exequentes do direito e da responsabilidade de cumprirem sua função social atribuída pelo próprio Estado, ou seja, educar, na verdade, treinar o indivíduo para a formação cidadã em prol do mercado de trabalho, para produzir a manutenção do país e sua máquina.

Fato esse que também pode ser exemplificado por meio da obra de arte musical da banda *Pink Floyd*, intitulada *The Wall* (1979). Pink, um garoto inglês que cresce em meio a muitos problemas familiares e em época difícil desencadeada pela guerra e pela súbita morte de seu pai, frequenta uma escola de ensino tradicional. Após a percepção do professor que ele havia escrito um poema, é humilhado e espezinhado, pois poemas não fazem parte do rol de conhecimentos considerados relevantes para a escola em sua tarefa de produzir obreiros para o capital. A educação, se é que se pode chamar assim, oferecida para Pink e seus colegas é reprodutora de conteúdos e verdades terminantes. Como resultado desse tipo de educação, que mais parece o serviço militar obrigatório aos 7 anos de idade, os alunos se constituem como indivíduos alienados, desinformados, sem o atrevimento de pensar criticamente sobre sua própria realidade. Mas Pink se atreve a pisar na linha divisória invisível que separa seres ignorantes e dominados (alunos) de seres possuidores de saber e dominadores (professores). O garoto, em sua imaginação, vive a possibilidade de ser sujeito de sua própria história com plena liberdade de expressão. Seu pensamento, para além da realidade, arroja alunos demolidores dos muros daquela escola, oprimidos (alunos) que se tornam feitores dos então opressores (professores) e os lançam ao fogo. Contudo, Pink retorna à realidade de sua sala de aula pela voz de seu professor de matemática e se embobina ao perceber sua pequenez diante de todo um sistema brutal de formação, concluindo e se conformando que ele simplesmente é só mais um (1) tijolo no muro, um sem rosto que marcha em ordem, sem qualquer sobra insignificante de subjetividade e criatividade. A letra e a música criadas pela banda são conhecidas por muitas pessoas nos mais diversos países e se tornou uma composição representativa de movimentos sociais de oprimidos espalhados pelo planeta.

A colonização social, escolar, edifica territórios inóspitos, pedregosos, arriscados de sobrevivência. Mesmo existindo leis para uma educação de todos e para todos, as fendas produzidas pelos mecanismos de exclusão expulsam ou aniquilam o categorizado diferente daquele território. São vários os possíveis mecanismos de exclusão, porém o laudo diagnóstico proferido pelo biopoder (cujo foco não é o corpo individualizado, mas o corpo coletivo) é legitimado pela *juris* para o *apartheid* desse diferente. Desse modo, assegura a conveniência e os interesses daqueles que estão do lado de cá da fronteira, ignorando os acontecimentos letais (física ou/e psíquica) dos que estão do lado de lá, dos colonizados. Para Foucault biopoder significa:

> [...] essa série de fenômenos que me parece bastante importante, a saber, o conjunto dos mecanismos pelos quais aquilo que, na espécie humana, constitui suas características biológicas fundamentais vai poder entrar numa política, numa estratégia política, numa estratégia geral de poder. Em outras palavras, como a sociedade, as sociedades ocidentais modernas, a partir do século XVIII, voltaram a levar em conta o fato biológico fundamental de que o ser humano constitui uma espécie humana. É em linhas gerais o que chamo, o que chamei, para lhe dar um nome, de biopoder (2008, p. 3).

A inclusão coexiste em ambos os espaços e sempre faz sua travessia nas entrelinhas, nas fronteiras. Ela não se encontra em um território específico de sua propriedade. Ela é a própria linha de fuga. Não serve aos interesses do Estado para o capital, mas é a materialização do grito dos excluídos no território do colonizador. A inclusão é a transgressão, a revolução, o agente transformador nesse território inóspito e, nessa condição, causa o caos, o desequilíbrio, a ameaça à ordem predeterminada da instituição de ensino, de moldagem humana.

Figura 7 O grito
Fonte: Edvard Munch, 1893[9].

Todavia, apesar do território colonizador da instituição de ensino, quer pública ou privada, a educação não é de sua posse legal, não é a coisa possuída. A educação está para além dos territórios, ela também se encontra nas fronteiras, nos mais

---

9. O grito, quadro do norueguês Edvard Munch (1893). Representa um momento de profunda angústia e desespero existencial. Sua possível fonte de inspiração pode ser encontrada na vida pessoal do próprio artista [Disponível em http://www.ibiblio.org/wm/paint/auth/munch/munch.scream.jpg].

diversos espaços onde a aprendizagem é favorecida, quer seja formal ou informal. Por isso ela, por si mesma, é um direito fundamental, e na contemporaneidade trinca a ideia unívoca de que só pode ser oferecida por instituições de ensino regularizadas e reguladas pelo Estado.

A inclusão aproxima os desiguais e se constitui em suas próprias diferenças que se diferenciam em sua multiplicidade. A inclusão não incita à divisão de turmas por classes organizadas a partir da psicometria, nem segrega em um espaço à parte da instituição de ensino outros categorizados pelo biopoder, muito menos admite a exclusão em locais feitos somente para os excluídos. A inclusão é um movimento contrário a todas as formas de *apartheid*.

7 A natureza *hibris* do ser humano, da educação, da inclusão e a aprendizagem

Figura 8 *All the time I was making this. I was thinking of you.* Sold
Fonte: Pakayla Rae Biehn (2015)[10].

Hibris se diz da coisa mesclada, miscigenada, proveniente de duas espécies distintas, de composição diferente em seus elementos, que utiliza de energias desiguais para estar em atividade,

---

10. Pakayla Rae Biehn é uma artista americana nascida na década de 1990. É conhecida pela beleza híbrida em sua arte. Nasceu com estrabismo, sendo sempre acompanhada pela dupla visão. Com o tempo decidiu transformar o sofrimento em beleza [Imagem disponível em http://www.youshouldtakecare.com/index.php?/paintings/double-exposure-series/].

é a coisa amalgamada... e, também, adversa às leis da natureza. O conceito de *hibris* é fértil e produtivo, porém complexo e frutificado nas diferenças que se diferenciam e que se misturam entre si. O que é híbrido acontece na fronteira e se constitui na imperfeição e na contradição, na incoerência e no que está longe de ser homo.

A educação é híbrida, pois está para além dos postulados institucionais de ensino. A aprendizagem não é algo formalmente organizada, mas sim constituída por vivências, por processos providos com a presença de um outro (o professor, o colega, o familiar, o amigo, o desconhecido...) e também conosco mesmos, sem a presença física de outrem. A aprendizagem pode se compor de maneira intencional, de livre vontade, em momentos dedicados ao estudo de algo, como também em momentos de entretenimento. Aprendemos o tempo todo, muitas vezes sem a consciência da ocorrência do aprendizado. A aprendizagem se re-inventa sempre, pois não está confinada a um local apropriado (escola) para se aprender, ao contrário, ela se arranja nos diversos espaços de aprendizagem (todos os locais). Também não é aprisionada em um momento destinado para que ocorra (horário da aula), mas continuamente, pois todos os momentos podem ser e favorecer a aprendizagem.

O ser humano é híbrido, constituído parte de natureza biológica e de outra pela sua cultura. Suas necessidades não são apenas de origem fisiológica, mas também oriundas das demandas de sua cultura. Ele sofre a desconstrução da identidade pós-moderna por meio da cultura de massas, na sociedade do consumo, das barreiras e diferenças sociais desenhadas nas fronteiras de cada nação. O ser humano é um híbrido cultural, fragmentado em sua identidade e, mediante esse fato, é capaz de mutar a ordem social no limite das fronteiras locais como globais. Assim, ao mesmo tempo em que sofre a ruína do que lhe serve de referência, também adquire novos valores. Portanto, na contemporaneidade, não há uma identidade fixa ou estática. Ela é móvel, mutante segundo as representações culturais. Única no sentido de ser humano.

Por conseguinte, professores e alunos (ser humano) são híbridos, e nesse contexto, todos são aprendizes e mestres. Sofrem transformações, mutações, continuamente. Aprendem e compartilham saberes nos espaços formais e informais, no campo real e virtual. A educação encontra-se sempre amalgamada.

A inclusão, por sua vez, também é de natureza híbrida. Ela se faz presente no território dos incluídos pelo grito dos excluídos. Ela rema contra a maré das leis da natureza da sociedade global. Tem em seu *belief system* que todos têm possibilidades de aprendizagem, que a educação é para a turma toda, que todos devem ser tratados de igual para igual levando-se em conta as diferenças que se diferenciam na diferença em sua multiplicidade.

Na inclusão a mesclagem é um acontecimento habitual. Ela demanda a combinação dos diversos domínios do conhecimento sem a supervalorização de alguns em detrimento de outros, de modo a não desprestigiar nenhuma potencialidade, pois os sujeitos são diferentes e têm preferências distintas também em seu processo de aprendizagem. Ela demanda a mistura e a re-invenção de metodologias, pois pressupõe que ninguém aprende da mesma maneira e pelos mesmos caminhos. A inclusão traz para os espaços de aprendizagem as tecnologias assistivas que também têm caráter híbrido, servem para promover a aprendizagem da turma toda e também para que todos usufruam de seus recursos tecnológicos, das ferramentas mais simples até os *softwares* mais complexos. Ela impõe a necessidade de se re-pensar e re-inventar um currículo que seja flexível e que possibilite atender às singularidades de todos os aprendizes ao mesmo tempo. A inclusão demanda a miscigenação dos domínios de conhecimentos, de profissionais das diferentes áreas, de aprendizes que se diferenciam, de espaços e momentos de aprendizagem singulares.

A inclusão é híbrida porque se funde com o ser humano e com a educação, que são híbridos fundamentalmente. Ela torna a aprendizagem algo fascinante, pois todos podem alcançá-la.

A inclusão sempre se re-inventa, pois tece desafios para haver melhores combinações mescladas para responder aos problemas que emergem de seu próprio contexto inclusivo. Ela chama a atenção à inovação que também é fruto dessa mistura sempre em prol da não acomodação de zonas de conforto que tendem a regar o conformismo e a estagnação.

A inclusão acontece nas entrelinhas tecendo uma educação de qualidade para a turma toda e não somente para alguns. Ela traz benefícios tanto para os alunos com deficiência como para aqueles sem deficiências, pois colabora para a constituição de pessoas mais humanizadas, mais solidárias, mais colaborativas. Ela se pareia com uma educação que é construída emancipatoriamente e significativamente por cada vida presente nos espaços comuns de aprendizagem. Ela faz a vida do aprendiz valer a pena! Ela amplifica o potencial de aprendizagem de cada aprendiz (professor, aluno, família). A inclusão promove sentidos mais profundos na vida do aprendiz, pois não se limita a conhecimentos escolares, e por isso também é híbrida.

O núcleo duro da inclusão é a construção de valores e princípios que não têm vácuo, porém são substanciais. A inclusão requer espaços de aprendizagem plurais em todos os sentidos. E o processo de aprendizagem no contexto da inclusão deve ser construído pelos seus próprios sujeitos e não ordenados hierarquicamente. Em seu *belief system* ela combina e mistura elementos em prol de um aprender a pensar por si mesmo, a conhecer domínios diversos que extrapolam a sala de aula, a conviver com as diferenças na diferença, a ser resiliente. Nesse re-inventar constante da inclusão a aprendizagem é um acontecimento do cânon do imprevisto, da criação do novo, do pensamento singular. Não há metodologias receituárias sobre como aprender ou ensinar, tampouco aceita adestramentos comportamentais. A inclusão transgride os métodos pedagógicos de controle e mensuração dos processos de aprendizagem. Contudo, a aprendizagem acontece de maneira singular com cada um, mesmo que de forma inconsciente. E o que não está aprendido é simplesmente um devir a ser.

8 Inclusão é coisa de supervivente

Inclusão por toda sua complexidade e problemática fundamental e, por ser *hibris*, não é coisa para quem se acomoda em zonas de conforto. Inclusão é coisa de supervivente, de resiliente, de resistente. De quem sobrevive a situações extremas, mas principalmente que sobrevive a um "outro". Um supervivente luta contra a maré, ao que é inóspito, ao que é repulsivo, ao que lhe parece usurpador da vida. A inclusão, portanto, é uma experiência vital, de vida, de autofortalecimento, de capital relevância.

O supervivente combina ações diversas que até mesmo se parecem contraditórias para superviver a própria vida. Ela é tal como os anticorpos que são gerados pelos linfócitos B e que são capazes de se combinarem com substâncias estranhas ao corpo para cumprirem sua missão de inativá-las, de neutralizá-las para que a vida seja preservada. Uma vez que se combinam com outras substâncias estranhas, podemos trazê-los para nosso entendimento simbólico da *hibris*. E nesse contexto da mescla, os anticorpos caminham nas entrelinhas e não nas extremidades, eles se incluem em espaços arriscados, em territórios alheios.

Mas quando ocorre um ataque ao organismo iniciado pelo próprio sistema imunitário desse mesmo organismo, ocorre a autoimunidade. Nessa condição o sistema imunitário identifica de maneira enganosa as células do próprio corpo como sendo invasoras, de modo a declarar guerra permanente a elas. Esse ataque ao seu próprio organismo é um caminho à morte. Um reino dividido não subsistirá.

Nesse mesmo raciocínio, o que é homo não sobrevive aos desequilíbrios da vida. A inclusão em sua essência está mais para os anticorpos do que para a autoimunidade. Por isso sua ideia é tão revolucionária e não cede à improbidade das brechas legislativas. Por isso a inclusão não se contenta em acontecer pelo simples estar do excluído no espaço comum de todos. Em outras palavras, não existe meia inclusão, do mesmo modo que não existe estar mais ou menos grávida. Não há espaço para o menos pior ou para o menos mal na inclusão, pois quem opta pelo mal menor, ainda assim está escolhendo o mal. Inclusão é coisa de sobrevivente porque estar segregado jamais será uma opção, e apenas estar junto com os outros por determinação jurídica também não será suficiente. A inclusão é um conjunto de ideias e de ações que se combinam e produzem a materialização do ato consumado sem exceções, discriminações ou esquivos. Por isso ela é complexa, porém não é utópica. A inclusão é a materialização da mais genuína humanização.

Ao pensarmos no sobrevivente, nos veio à tona mais uma contribuição de Deleuze a partir do conjunto de textos publicados entre 1953 e 1974 e reunidos por David Lapoujade na obra intitulada A *ilha deserta e outros textos* (2004).

Para Deleuze a ilha deserta é o local onde a separação existe; contudo, sua condição produz o movimento necessário para o re-criar o mundo, logo, re-inventar a própria vida. A ilha deserta não é como uma tábula rasa, mas é riquíssima em tudo que oferece ao sobrevivente, apesar da qualidade de isolada que a reflete. Embora seja uma ilha à deriva, ela não deixa de se conectar com o continente.

Simbolicamente, a inclusão é como uma ilha. Pode-se pensar nela como o espelho dos excluídos, da separação, do afastamento, da segregação, da solidão – substantivos liames da angústia de um náufrago. Ou então, ver nela a possibilidade do recomeço, da re-criação de um mundo. Na condição de ser híbrida e dar origem, tal como faz uma ilha, no emaranhado da inclusão, separação e recriação se fundem.

Figura 9 Ilha deserta
Fonte: Jacek Yerka (1999)[11].

Não somente os excluídos, sujeitos da inclusão, sofrem o *apartheid*. As pessoas que têm a inclusão como um *belief system*

---

11. Ilha deserta, pintura de Jacek Yerka (1999), artista polonês surrealista [Disponível no site oficial: http://www.yerkaland.com/item.php?ido=136].

70

também sofrem uma certa separação. Quem faz a diferença na diferença para não excluir o outro também se separa do continental, distingue-se para poder re-criar. Tão certo, a solidão do excluído em todo o tempo é povoada. Quem faz a inclusão acontecer na diferença que se diferencia re-cria o mundo, re-cria os espaços de aprendizagem, re-cria os momentos de aprendizagem, re-cria as possibilidades de aprendizagem a partir da própria inclusão em sua condição desértica e, aparentemente, ríspida, porém rica de benefícios para todos que a povoam. Assim como a ilha que em sua biodiversidade oferece condições provisórias de vida para o supervivente, a inclusão oferece uma das coisas mais necessárias para alimentar a vida de qualquer sujeito: a humanização.

Para o náufrago com sede, o mar não é uma opção. Porém, a ilha com nascentes de água doce lhe oferece água potável. Mas há ilhas em que não há sequer uma gota d'água doce; então, como poderá oferecer água para beber ao náufrago? Estar separado é uma oportunidade para se ocupar e, então, re-criar. O náufrago que se propõe a superviver busca formas de re-criar condições de vida.

Há uma ilha no Mar do Caribe chamada Curaçao. Lá não há água doce, mas há superviventes. Em 1928 foi construída a primeira usina de dessalinização do planeta. Dessa maneira, foi re-criada uma condição necessária à vida: água para beber, só que proveniente do mar. Embora o mar não seja uma opção para o náufrago com sede, esse mesmo mar pode ser uma linha de fuga para o supervivente que, absolutamente criativo, encontra um modo de continuar gerando movimento para a vida. Portanto, segundo Deleuze, "para que uma ilha deixe de ser deserta não basta, com efeito, que ela seja habitada" (2004, p. 7). Na mesma proporção, para que uma escola seja inclusiva, não basta apenas agregar excluídos. Ela precisa gerar vida, por conseguinte, humanização.

As pessoas que fazem a inclusão acontecer em sua grandeza e abundância não veem a ilha (a inclusão) como desértica nem a água do mar como impotável. Elas não se prendem a mitos ou a tradições conceituais. Mas sim quebram paradigmas: da ilha (inclusão) absorvem as provisões fecundas; do mar (dificuldades) extraem possibilidades de re-inventar o novo. Essa capacidade, essa potência criativa é coisa de supervivente!

Portanto, assim como é fraco o teor científico do ponto de vista da geografia sobre as ilhas, também é combalido o teor científico contrário ou dificultador sobre a inclusão. Se o náufrago não vê a ilha como produtora de vida, isso não deve ser imputado à ilha, porém a sua forma negativa de ver à realidade. Se o náufrago aguardar apenas pela passagem do barco, certamente, sucumbirá. Ademais, sendo um supervivente, tratará de se ocupar para produzir novas condições de vida.

O barco, simbolicamente, é a tradição do ensino pautado em receituários e ideia encarcerada de que todos aprendem da mesma forma. O barco é o ensino e o conhecimento pronto e acabado, uniforme, tão rígido como um cadáver (pois a rigidez é a condição de um cadáver). A escola sem potência criadora acredita que tudo tem que ser tirado do barco, a inclusão (a ilha) é penosa e que não há nada a se fazer a não ser deixar o tempo passar. Mas o espaço de aprendizagem criativo não é estático, as pessoas que circulam sobre ele estão sempre em processo de re-invenção. Elas aprendem a re-criar a partir das próprias dificuldades vivenciadas na e pela inclusão. Elas tentam muitas vezes, até encontrarem uma linha de fuga e re-criarem o novo. E quando se deparam com o novo (com a usina de dessalinização criada em 1928) percebem que não podem se acomodar e re-criam outras formas de gerar vida (outro equipamento ainda mais moderno e compacto para tornar a água do mar potável foi criado em 2015).

Com o rito do ensino tradicional, homogêneo e rígido, a inclusão é como uma ilha deserta que precisa se abastecer com os instrumentos de ensino cristalizados pela tradição. Ela só porta o que a escola, enquanto instituição social subserviente do Estado, afirma ter levado séculos para produzir. Nessa visão mitológica, não há nada para se re-criar.

A partir da inclusão (a ilha deserta) é que se faz a re-criação e o re-começo, ela é a segunda origem das coisas onde tudo se re-inicia. Logo, ela não é o ponto de partida para a criação ou começo. A inclusão é sobrevivente irradiante dos espaços excludentes. Por isso ela é o ponto de partida para novas possibilidades de fazer COM o outro. A inclusão é o re-nascimento e ela só aconteceu porque antes se deu o caos. E somente após a calamidade destruidora é que o re-surgir pode acontecer. Por isso a inclusão nunca se repete, mas sim re-aparece a cada ciclo que se finda e ela re-nasce sempre diferente em sua própria diferença de ser. A inclusão é sempre um re-começo, ela é sempre uma potência que está para além da equivocada importância da tradição do ato de ensinar perpetuado pela escola obsoleta.

O ser humano se locomove muitas vezes em direção às tendências em busca da satisfação de seus desejos. Desejos esses que são produzidos na massa social, logo, não são pertencentes aos instintos próprios da espécie humana. As instituições são as formas de satisfazer as tendências. Se o instinto é comer quando se tem fome e a tendência atual do humano é a comida rápida, as instituições são *fast-food* para satisfazer a tendência também da sociedade do consumo.

Se a tendência da sociedade é a preparação de crianças para o mercado de trabalho, as escolas enquanto instituições oferecem um ensino apostilado com verdades absolutas para moldar futuros jovens a estarem aptos no vestibular para adentrarem às instituições universitárias que, a princípio, pensam que podem formar alguém para o mercado de trabalho. Como disse Deleuze, "não há dúvida de que a tendência se satisfaz na instituição" (2004, p. 17). Assim sendo, os comportamentos sociais também passam a ser institucionalizados.

Não é possível institucionalizar a inclusão. Na inclusão os comportamentos não são institucionalizados. Ela não é uma tendência, um modismo parcial. Ao contrário, ela se indispõe com a modelagem padrão, toma partido, é imprevisível. A exclusão não pode explicar a inclusão, contudo, é nela que a inclusão encontra sua melhor via. Nas instituições encontramos, muitas vezes, a tendência à exclusão, à segregação. Elas existem porque foram criadas para um determinado fim. Mas para quem, de fato, elas são úteis? "Para todos aqueles que delas têm necessidade? Ou, antes, para alguns (classe privilegiada), ou somente para aqueles que põem em funcionamento a instituição? (burocracia)" (DELEUZE, 2004, p. 18).

Para quem a escola é útil? Para quem as instituições especializadas e classes especiais são úteis? Para quem o ensino tradicional massificador é útil? O instinto é procurar o mesmo bando, o que é homo, como se isso pudesse ser feito. Ora, o bando se constitui no coletivo e o coletivo é sempre plural em sua singularidade, a única identidade do bando é a de Ser da mesma espécie.

Nesse sentido a aprendizagem não se dará melhor em ser institucionalizada, aprisionada pela enganosa ideia de que com o igual se aprende melhor. A tendência do rito no ensino institucionaliza comportamentos (memorização, repetição, fixação). Esse rito e seu possível sucesso no resultado final não são sinônimos de aprendizagem ou inteligência. O rito põe fim à possibilidade da criatividade. Ele engessa e aniquila quem o executa.

Entretanto, a inclusão é da ordem do supervivente. É no social que a inclusão se constitui, em meio às diferenças que a todo tempo se diferenciam e não se institucionalizam. E é no espaço provocado pela inclusão que a aprendizagem permanente e duradoura se torna possível não apenas para alguns, mas sim para todos, sem ilusões de padrões uniformes, porém disforme em sua incompletude. A inclusão provoca um outro espaço que não se encontra nas extremidades da ponte ou das fronteiras, mas no entremeio, nas entrelinhas.

Figura 10 Entremeio
Fonte: A autora (2015).

A inclusão não se alia à instituição porque ela não dociliza corpos, não controla por modelos. Por isso é incabível a ideia de integração pautada em primeiro docilizar o outro na classe especial ou na instituição de controle para depois (de docilizado) ser agrupado (incluído) em classes regulares, em escolas comuns a todos. Ora, isso não é o começo e nem o final do processo inclusivo. Isso nada mais é do que a institucionalização de pessoas para testá-las em seu comportamento numa averiguação se serão capazes de se adequarem ao padrão institucionalizado de escola ou se deverão continuar segregadas no ambiente de controle da loucura ou debilidade. Tanto o que se denomina como especial como a escola que se diz comum a todos, quando exigem comportamentos modelados, nada mais são do que instituições que satisfazem a tendência da domesticação, do controle social, da fabricação do homo que não deve importunar a sociedade, o Estado. Ao que desequilibra o homo (a diferença) deve ser dado um outro destino: o seu próprio ambiente homo (a instituição especializada).

Nesse sentido a tendência de se acentuar as diferenças como diferença específica (identidade pela diferença) não é satisfatória em si mesma, pois as coisas, as pessoas, os produtos são sempre miscigenados e, nessa condição, são impossíveis de serem apontados como sendo de natureza distinta. Pois o misto por natureza não se difere de nada. E, no raciocínio de Deleuze,

> buscamos o conceito da diferença enquanto esta não se deixa reduzir ao grau, nem à intensidade, nem à alteridade, nem à contradição: uma tal diferença é vital, mesmo que seu conceito não seja propriamente biológico. A vida é o processo da diferença. [...] Assim, a palavra "diferença" designa, ao mesmo tempo, o particular que é o novo que se faz (2004, p. 44, 51).

Em convergência, a inclusão é o movimento que provoca e gera um espaço onde as diferenças não são acentuadas, porém são compreendidas como próprias da espécie humana, como parte do que é vital; a diferença é a própria novidade, do mesmo modo que invoca a produção do novo, da re-invenção, demandando tenacidade e supervivência.

9 Vozes sem eco

Há muitas vozes silenciadas! E há outras vozes sem eco, ou seja, com som pouco claro, apenas rumor.

Não é suficiente outorgar ao outro a liberdade de enunciar o que deseja, o que tem a dizer. Antes, é necessário que ele enuncie para um povo que tenha o direito de proceder como queira, que tenha a liberdade de transcorrer mutações para além de qualquer coisa imposta, que não se assujeite à vigilância, à punição e ao controle. Também seria pretensão pensar que podemos "dar" voz ao outro. A voz é do outro, a voz é o outro.

Ouvir a voz de um supervivente pode ser um caminho para melhor compreender como ele se fortalece a partir das próprias dificuldades, superadas ou não. Nem tudo é sucesso na luta pela vida de um supervivente. O supervivente se constitui na adversidade, no meio das fronteiras, no território alheio e inóspito, na ilha deserta. Muitas vezes, no vácuo onde nunca há uma certeza, onde se supõe não existir nada, onde pode haver uma sensação de vazio mental ou afetivo, onde a profundidade é desconhecida e a densidade da escuridão é praticamente palpável.

Para ouvir vozes é preciso uma escuta sensível, a fim de não apenas escutar rumores, ademais, compreender os sentidos e os significados embutidos na linguagem do outro. Seguem nas próximas linhas algumas vozes de superviventes à exclusão, mas também de vitimados de mecanismos do *apartheid* que impera no seio da sociedade. As vozes ecoaram aquilo que desejaram enunciar, sem intervenções do outro que as ouvia. Outras vozes preferiram o silêncio. Mas as vozes foram convidadas a enunciar o que desejassem sobre diferença e inclusão, partindo de suas singularidades, de seu papel social, de seu afeto e percepto sobre esse *belief system*.

Não houve uma intenção de analisar conteúdos ou discursos, mas sim de evidenciar como processos inclusivos podem acontecer quando o respeito às diferenças e o entendimento de que somos todos diferentes está presente no projeto pedagógico da escola.

Importante ressaltar que o conceito de diferença por nós trabalhado a partir de Deleuze não foi apresentado aos entrevistados, de modo que estes demonstram ter um conceito de diferença mais relacionado ao senso comum, ou seja, a diferença como uma qualidade daquilo que é diferente, de diversidade. Isso deve ser levado em conta para que o texto não aparente uma ideia contraditória daquilo que discutimos como diferença.

As vozes tiveram densos trechos transcritos a partir de entrevista gravada em áudio, sem roteiro preestabelecido. Intencionalmente não reduzimos em pequenos trechos as vozes que se enunciaram. Antes do enunciado de cada voz há uma breve explicação sobre esse sujeito que nos fala.

A mãe

A mãe vive em Sergipe com sua família. Seu filhinho tem autismo. A gravidez não foi planejada, mas o casal escolheu assumir a responsabilidade pela vinda desse novo ser ao mundo e decidiram também pelo casamento.

Tive uma certa dificuldade para aceitar a gravidez. Casei-me com 3 meses de gravidez. Sou professora, formada em pedagogia. Trabalhei em sala de aula e finalizei uma dissertação de mestrado, ainda grávida. Não foram dias fáceis. Meu filhinho era tranquilo em minha barriga. Estava esperando para outubro, mas ele veio um pouquinho antes, em setembro de 2010.

Quando ele nasceu, um turbilhão!!! Muitas mudanças, descoberta do que é ser mãe, do que é ter uma família, descobri como é cuidar de um filho. Foi um grande desafio. O meu filho foi se desenvolvendo. Tive uma certa dificuldade para amamentar em razão de uma cirurgia de mama feita aos 17 anos de idade. Ele teve um padrão de normalidade no desenvolvimento até mais ou menos 1 ano de idade. Começamos então a perceber que ele era diferente das crianças da mesma idade. Costumava brincar enfileirando peças de brinquedo, não variava muito as brincadeiras, agrupava moedas e pecinhas por cores e muita dificuldade em interagir com outras crianças. Tinha facilidade em interagir com adultos, mas com crianças tinha dificuldade.

Ele é filho único e por isso eu achava que aquilo tudo deveria ser normal. Depois fomos percebendo que ele sempre queria ver os mesmos desenhos, a mesma comida e que ele era bem diferente das outras crianças. Quando junto a outras crianças a primeira reação dele era empurrar as crianças e isso nos deixava com muito estresse, sempre cuidando para que isso não acontecesse em ambientes como de festinhas de aniversário etc.

Com mais ou menos 1 ano de idade ele começou a balbuciar algumas palavras, mas depois isso cessou. Então ele sempre gritava e isso me foi gerando uma curiosidade como mãe. Comecei a procurar informações na internet, com profissionais da educação. Muitas pessoas que conheciam meu filho falavam que ele era normal e que não tinha nada. Mas ficava muito em minha cabeça essa diferença dele. Até que nessas pesquisas apareceu pela primeira vez a palavra autismo.

Comecei a ler sobre o autismo e sobre o que era uma pessoa com autismo. E era complicado porque a ideia que as pessoas têm do que é autismo é uma ideia muito fechada, diria até um pouco *restrita. Aos 2 anos nós o colocamos na escola e esperando as coisas acontecerem... Esperando que aquele broto fosse florescer.*

Na escola as diferenças ficaram muito mais evidentes para mim. Era claro naquele ambiente escolar que ele era diferente das outras crianças. Quando o levamos para fazer uma avaliação com o neurologista, já sabíamos que ele tinha o autismo, mas não sabíamos o que fazer; mesmo sendo professora, eu não sabia o que deveria fazer: quais seriam os cuidados, as terapias, o tratamento para reduzir um pouco aquele quadro de autismo que era muito evidente. Ele foi encaminhado para a psicoterapia e para a fonoaudiologia.

Passamos por um processo de aceitação que não foi fácil. Sair do luto foi muito difícil para nós como deve ser para todas as famílias. Existe um processo de aceitação de mundo, de criança, de padrão de normalidade que as famílias possuem; que a gente possui e que não é nada equivocado ou errado, ou que nos envergonhe. Ele começou a fazer fono e nas terapias fomos percebendo que ele praticamente colocava a fonoaudióloga no bolso. Ela não conseguia ter certo domínio da situação. Fomos correndo atrás...

Conhecemos pessoas, famílias, buscamos histórias e pesquisas que tratavam sobre o autismo. Foi um processo muito longo. Buscamos no plano de saúde o que era possível oferecer a ele. Com o tempo vimos um salto no desenvolvimento dele com o apoio de alguns profissionais. Ele começou a falar, a se comunicar, começou a cantar. E começamos a perceber que aquela florzinha estava desabrochando.

Tivemos uma boa receptividade com a escola. A professora dele foi muito delicada no sentido de compreender a situação. A boa vontade dela favorecia a busca de conhecimentos tanto minha quanto dela. E foi um ano muito bom. Víamos que a escola estava tentando compreender e trabalhar com nosso filho. No outro ano fui convidada para fazer uma fala na escola sobre o autismo: o desenvolvimento, como era possível proporcionar possibilidades de aprendizagem para aquela criança. E foi isso o que eu sempre busquei desde que eu descobri o autismo, foi pensar em possibilidades de aprendizagem.

Tivemos muitas alegrias no 2º ano dele na escola, com 4 anos. Ele seguiu com a mesma turminha, a escola teve esse cuidado. Tivemos boa receptividade dos outros pais. Sempre tratamos nosso filho da forma mais natural possível, nunca escondemos o autismo de nosso filho para ninguém. Sempre tentamos lidar com a diferença dele como sendo única e como de qualquer outra criança que também possui suas características. Nunca coloquei uma barreira ou um limite para o desenvolvimento do meu filho. Sempre entendi que poderia haver algumas barreiras e alguns limites, mas que poderiam ser transpostos, superados.

Ele é uma criança saudável, que não tem tristeza, não tem tempo ruim, não tem mau humor, está sempre sorrindo, sempre alegre. Hoje ele gosta muito de brincar com tablet, com massinha, de ver TV. É uma criança que se comunica muito bem. É uma criança muito querida, muito querida por todos. Posso dizer que é uma criança que está incluída na escola. A escola procura junto comigo desenvolver estratégias que tragam possibilidades para a aprendizagem dele.

Estamos longe do ideal, pois ainda precisamos aprender muita coisa sobre inclusão, sobre o respeito às diferenças. Não vivemos em um mundo perfeito. Sabemos exatamente quais são as dificuldades que vamos encontrar pela frente. Percebemos quando as pessoas olham com olhares diferentes, olhares de canto de olho. Não são olhares de reprovação porque ele não faz birras, não se autoagride... mas é uma criança que grita, é um pouco mais agitado e não percebe muito bem essas regras sociais que a maioria das crianças da idade dele já percebe. Mas é uma criança tranquila, educada, um menino maravilhoso do jeitinho que ele é. Ainda temos muitos desafios para que ele seja uma pessoa plenamente autônoma. Por isso estamos buscando, estudando, trabalhando, apreendendo todos dias e, com ele mesmo, pelas situações que ele nos traz.

O autismo não é algo simples e, por isso, requer certa condição financeira para podermos oferecer o melhor para ajudá-lo a se desenvolver; e isso não é coisa fácil pra gente e nos deixa um pouco triste certas vezes, porque falta muito apoio e estrutura. Mas nós fazemos aquilo que podemos, dentro das nossas condições.

Gosto de fazer um paralelo entre a inclusão e a exclusão, porque a inclusão só existe porque há a exclusão; um conceito depende do outro. Essa sociedade capitalista em que nós vivemos prima pela exclusão em todos os sentidos. Seja econômica, seja social, de gênero, de cor de pele, de tamanho de manequim, é uma sociedade, por si só, altamente excludente. Imagina para um ser humano que nasceu e que, por si, só já possui uma caracterização de ter um transtorno que o faz diferente da maioria das crianças? E que apesar de não ter fenótipo e mostrar isso no rosto, e embora em um primeiro momento isso não fique claro, em outros cinco minutos de convivência isso já fica ali marcado que é diferente. É isso o que acontece com as pessoas com autismo e não é fácil para as famílias, não é fácil para a criança quando se percebe que é tratada de uma forma diferente.

A inclusão hoje é algo que está posto, mas que precisa ser construído em todos os sentidos. Seja a inclusão nas escolas, seja na sociedade como um todo. A escola é apenas um reflexo daquilo que acontece na sociedade. Eu acredito que a inclusão é esse caminho em construção para possibilitar uma sociedade mais igualitária, com menos embates, com mais possibilidades de se chegar a um lugar-comum. E na minha opinião nós temos que aprender com essas pessoas que são diferentes, que destoam daquilo que nós entendemos ser normal, ser anormal. E aí nós precisamos fazer essa leitura, essa construção cotidiana.

A inclusão é um movimento muito recente. Essas crianças que estão aqui, incluindo meu filho, já irão enfrentar menos barreiras do que já foi enfrentado por outros antes, em uma ou duas décadas passadas. As crianças estão aí na sociedade, nos espaços, nas escolas, estão trabalhando. E espero que cada dia mais isso se simplifique e que assim possamos construir uma sociedade melhor para nossos filhos, para todos!

A diretora da escola

Entrevistamos a diretora de uma escola de educação infantil e Ensino Fundamental localizada no sul do Estado de Minas Gerais. O motivo da entrevista é em razão da inclusão de algumas crianças na escola e a maneira como a instituição concebe esse processo.

Eu começo falando de uma ex-aluna que também me fez pensar uma porção de coisas. Ela já está no final do Ensino Médio e alguém perguntou pra ela, quando estudou aqui, o que ela achava da inclusão. E ela falou que aqui não tinha inclusão. Então a mãe perguntou a ela: "Mas como você fala que lá não tem inclusão? Você estudou com aquele menino!" Então ela respondeu: "Não, mãe, é porque não havia exclusão, então para nós nada era diferente"[12]. Esse foi o relato dessa menina. Havia na sala dela um menino com paralisia cerebral, mas ele pertencia ao grupo, ele fazia todas as atividades, todos os projetos e havia o respeito. Então ela falou que aqui não existia inclusão porque não havia exclusão.

E ela me fez pensar muito e eu recebi esse recado e falei: "Nossa!", acho que nós temos que cada vez mais aperfeiçoar a ideia de que quanto menos exclusão, menos inclusão também. E nós temos buscado um outro conceito que é o da inserção. Quando eu penso

---

12. O pertencimento do aluno com paralisia cerebral ao grupo é um acontecimento tão vital que sua colega responde à mãe que ali não havia inclusão. Isso, no sentido de que não havia para aquela aluna o encontro binário exclusão/inclusão orbitando no mesmo centro em comum.

em inserção, eu penso de uma maneira mais ampla e incisiva e menos diferenciada no sentido de, até pedagogicamente, pensar: ah, esse daqui tem um plano curricular adequado; esse aqui tem um projeto individualizado... Você acaba mapeando as crianças nas suas diferenças que são só aquelas vistas dessa maneira. Mas as diferenças são de todos! Se um tem um plano curricular adequado, o outro precisa ter imagens visuais e nós precisamos ter atenção a tudo isso. E o outro que tem mais talento, então, o que é feito?

Eu penso que esse olhar muito amplo é que nos dá a certeza de afirmar que as diferenças são de todos. E como lidar com todas as diferenças? Dentro de uma metodologia de educação, dentro de um projeto de educação, o que nós temos vivenciado nesses 16 anos, a maneira mais democrática, pedagogicamente falando, de todos esses alunos contribuírem entre todos as suas diferenças é pela metodologia de projetos.

Quando nós fazemos os projetos e quando os professores realizam os projetos, nos quais as crianças são coparticipantes, são sujeitos, as diferenças não se sobressaem no projeto, pois ele é uma forma de saber muito democratizada. Você não tem o conhecimento específico sobre geometria, o conhecimento específico sobre linguagem, mas é o conhecimento; são os saberes que se entrelaçam. E aí cada um contribui de uma maneira.

Hoje nós temos, até é recente, uma última avaliação da turma da manhã, dos alunos maiores. Nós fazemos uma avaliação integrada que chamamos de testão no Ensino Fundamental 2. Essa avaliação é baseada em textos e gráficos, é uma outra linguagem, mais de interpretação. E no fechamento com os professores, eles falaram que durante toda a parte dos projetos os alunos conversaram, discutiram e viajaram... e todos se saíram muito bem.

A hora que você começa com as especificidades é que você percebe as diferenças. Isso tem se confirmado cada vez mais: que o projeto é uma metodologia que faz com que essas diferenças se diluam ou até que essas diferenças contribuam nas suas próprias diferenças.

Mencionei à entrevistada que a maioria dos diretores de escola se preocupa em colocar somente 1 criança com deficiência em uma mesma sala de aula. Mas, ao contrário disso, em sua escola tinham salas de aula com mais de 2 e até 3 crianças com deficiência junto às demais crianças. Sala com duas crianças com autismo, outra que é cadeirante e com dificuldades motoras e de fala, uma criança com algum outro tipo de diagnóstico. Pedi a ela que falasse a respeito do ponto de vista do gestor escolar.

Primeiramente eu converso muito com o professor. Porque a grande tarefa é dele e não é simplesmente aceitar a matrícula da criança, mas saber se aquele professor também está disponível a ter uma atuação que será completamente diferente.

Então a primeira conversa é sempre com o professor. Mas aqui nós realmente comungamos do mesmo princípio. O professor sempre fala: "Não, a gente vai fazer e dar conta". Então, a primeira pergunta sempre vai para o professor, pois quem vai ficar com a criança é ele, não sou eu. Segundo, penso que são tantas as diferenças! Nessa sala que você comenta nós temos: diferença cultural, criança em adaptação de uma cultura totalmente diferente, vinda de uma região do Brasil que é completamente diferente do que nós vivemos aqui.

Tem diferença de crianças com necessidades especiais; temos crianças com diferentes composições familiares, criança que veio de outro país de um outro continente, filho de imigrante, tem criança adotiva e criança biológica. Essa sala que você comenta é um grande campo de aprendizagem! O difícil é lidar com as diferenças. Muitos gostariam de ter uma sala onde todos os alunos fossem os talentosos, os geniais, mas e aí?

Eu acolho, aceito e muitas vezes eles ficam localizados em uma turma, como um caso que temos no sexto ano, que acaba que o índice de crianças que precisam de um atendimento diferenciado é muito grande para uma turma pequena. São 12 alunos, e 5 crianças necessitam de uma aprendizagem diferenciada em determina-

das disciplinas. Nesse caso acaba sendo muitas crianças. Mas isso também acontece porque os pais não falam para nós quando trazem suas crianças, e vamos descobrindo no decorrer do ano. E é difícil porque o professor acaba precisando fazer um planejamento diferenciado para cada demanda. Isso requer um tempo e principalmente uma vontade do professor.

Quando se trata do projeto é muito mais igual para todos. Mas no caso de matérias mais específicas o professor precisa, muitas vezes, fazer diferentes planejamentos. Por isso que eu sempre consulto o professor, pois o grande trabalho será dele. Contudo, é lógico que a escola tem isso como princípio e os professores que vêm para cá também têm isso como princípio. E eu penso que o que faz tudo fluir, até de uma certa maneira, muito bem, tranquilamente, é porque existe o acolhimento. Isso é de todas as professoras. Elas me falam assim, já ouvi muitas dizerem: "Mas eu quero fazer algo por ele", "Eu sei que ele vai dar conta", "Eu quero chegar ao final do ano e falar: olha como esse menino avançou nisso!" Mas isso não é só com aquele que tem necessidade especial, mas com todos os alunos.

Quando o professor aposta, ele aposta em todos, naquele que é mais tímido, naquele que precisa de um atendimento especial, naquele que é mais disperso, naquele que é mais agressivo, ele aposta em todos. Essa é a grande diferença de uma equipe de professores que nós temos aqui.

Para mim, inclusão é querer estar junto, é estar junto nas diferenças e esse estar junto requer conhecimento, troca muito intensa, entendimento; eu tenho que entender esse outro com todas as suas características e depois acho que fazer as ações coletivas, os pactos. Eu creio que isso é muito importante. Nós estamos aprendendo, a inclusão é uma situação relativamente nova, e penso que necessitamos ter cada vez mais conhecimento a respeito. Porque precisamos, muitas vezes, aprender a canalizar determinadas coi-

sas e entender esse aluno. Nesse ponto penso que o diagnóstico tem sua importância, mas eu sempre falo para os professores que no trabalho pedagógico devem se esquecer do diagnóstico, mas sim pensar naquilo que nós podemos fazer por eles. Pelas crianças, independente do diagnóstico. O que você faria para uma criança de 4 anos? É a mesma coisa para qualquer criança. Estamos em constante aprendizagem, pois é tudo muito novo, bem novo.

E também penso que a inclusão não é apenas colocar a criança na sala de aula e pronto, pois a criança sentará lá e nada irá acontecer. Creio que o propósito da escola é muito diferente, é querer estar junto e querendo transformar. Essa é a diferença.

Percebe-se o acontecimento da inclusão menor na voz da diretora da escola. Ela não se remete apenas aos alunos com algum tipo de deficiência, embora estes estejam presentes pelas suas singularidades que exigem um "atendimento especial", como é dito por ela. Ao invés, ela menciona alunos com diferenças próprias do ser humano. O sentido do verbo "apostar" se engaja com o substantivo "acolhimento". Aposta-se, investe-se, acredita-se em quem se acolhe, e em sua voz é notável que todos os alunos são acolhidos e respeitados em suas diferenças. Ou seja, a inclusão menor acontece na própria inclusão maior (inclusão prevista e obrigatória pela legislação vigente) e para além dela.

A professora

A professora é pedagoga e psicopedagoga. Trabalha na mesma escola em que a diretora foi entrevistada com a turma do primeiro ano do Ensino Fundamental. A entrevista com ela foi algo no mínimo muito emocionante. Infelizmente, as palavras no texto não traduzem a emoção desse momento, não expressam os olhos marejados e os sorrisos abertos a cada lembrança relatada.

Pensar nesse tema, esse ano, mais do que tudo, é maravilhoso! Acho que, na verdade, é a primeira vez que eu penso nisso de fato. Porque as outras salas, nas outras escolas, as coisas eram diferentes. Era uma inclusão que não incluía. Era só o termo: precisa incluir, é necessário agora pelo currículo que aceite diversos alunos, diferentes tipos de alunos. Isso sempre me incomodou. Porque diferente todo mundo é. Não existe um padrão, mas as pessoas acabam fazendo isso. Eu senti isso muito de perto esse ano.

Eu já conhecia a metodologia da escola e foi quando eu me deparei com essa turma. E, na verdade, quem foi incluída fui eu! Eu comecei a pensar as coisas de um jeito diferente. Porque eu percebi que eles eram assim, especificamente, alguns: um com autismo, outro cadeirante com dificuldade de fala e motora, que chegou nesse segundo semestre, a Mariana que chegou ao finalzinho do primeiro semestre. Todos com suas particularidades; na verdade, eles acrescentam muito um ao outro. Essa turma é diferente, sim! E tem várias crianças que saem desses padrões que são estabelecidos pela sociedade e que precisam de um olhar diferenciado. Aprendem de uma maneira diferente. Mas eu penso que eles ensinam mais para os outros, que nós consideramos "normais" [eu não gosto de usar essa palavra], do que os outros para eles. Eu aprendi muito a ver e a tentar conhecer por detrás de uma barreira que não é concreta; a tentar desvendar a alma de cada um deles. E isso para mim foi uma experiência como pessoa [ai, não posso chorar], nesse ano, impagável.

Recentemente, eu recebi a psicóloga do Marcos e ela veio me agradecer. E ela me agradeceu e chorou por eu a ter recebido tão bem e por eu ter feito diferença na vida dele. Eu chorei, mas eu chorei porque ele fez com que eu me tornasse uma pessoa melhor; ele me fez aprender a ver por um ângulo que eu não estou acostumada, a sair da mesmice, a sair da minha loucura. É esquisito! Eu não sei se você consegue alcançar o que eu estou tentando dizer. Ele conseguiu me aceitar dentro do mundo dele. Ele me incluiu! Ele me incluiu no mundo dele.

Então, quando eu penso em inclusão, o meu olhar nesse ano passou a ser diferenciado. Não sou eu que aceito o diferente, que trabalha com o diferente, mas é o diferente que conseguiu me colocar no mundo dele da maneira mais maravilhosa possível. Porque para eles é difícil; pensando no Marcos, principalmente. É difícil para ele falar, tem dificuldade para se expressar e de um modo ou de outro ele se fez entender e se mostrou de tal maneira que eu pudesse entendê-lo tão profundamente, que nesse momento está parecendo que eu estou perdendo um braço em razão do final do ano estar chegando e eles mudarem de professora. Eu criei uma relação muito forte com ele. Com os outros também, mas pela especificidade do Marcos, que é o autismo, isso foi mais gritante.

Já o João, como cadeirante, nós aprendemos a procurar sermos as pernas dele. E eu vejo as crianças nisso e é muito lindo! As crianças emprestam suas pernas para ele; elas se preocupam, e é uma preocupação que vem delas mesmas. A escola trabalha muito com esse projeto de integração, de respeito ao próximo, mas, ainda assim, isso parte delas. E isso é algo fantástico! Eu fiz para as crianças a apresentação do João quando ele entrou na escola no segundo semestre. Antes de ele chegar eu só falei que eram trigêmeos e que um deles iria precisar da nossa ajuda, porque ele é cadeirante e contei um pouco da história de vida dele, mas não pedi nada para as crianças. Não pedi nada específico, por exemplo: que teriam que tomar cuidado etc. Esse cuidado partiu deles [professora se emociona]. E agora com a dança do final do ano, essa entrevista não poderia ser numa época melhor, porque agora no final do ano, do jeito que eles fizeram essa dança, eu percebo o quanto o grupo cresceu com essas pessoas que nós dizemos que foram incluídas. Muito!

Porque eles aprenderam a olhar para o diferente se colocando no lugar do outro e com respeito. As ecolalias do Marcos, por exemplo, eles sabem que se fossem eles nessa situação o que eles fariam e que precisam respeitar porque às vezes é algo incontrolável. Eles sabem que dentro dessas ecolalias alguma coisa Marcos está querendo dizer, com relação ao bem-estar dele, como ele está se sentindo. Eles sabem que isso diminui quando Marcos está mais calmo, quando eles contribuem para o ambiente. Com o João é a mesma coisa. Quando ele se posiciona que quer participar da roda de conversa, eles fazem silêncio, um cutuca o outro e dizem: "o João quer falar!"

Já com a Mariana a questão da África também, pois ela veio de uma escola aqui no Brasil, que ela sofria bullying de uma forma dolorosíssima em razão do racismo. E quando ela chegou aqui na escola, para minha sala, ela não estava acostumada com abraço, com toque, ela era acuada, ficava em um canto, mas ela foi muito bem recebida. As crianças a receberam muito bem e então nós fizemos um projeto sobre a África para trabalharmos esse resgate, porque eu sabia que ela havia passado por essas coisas e ela foi desabrochando, foi contando um pouco para as crianças sobre como era a vida dela no orfanato lá na África. E eram coisas que em casa ela ainda não havia falado. E ela começou a trazer isso para a sala de aula, e ela começou a sentir orgulho dela mesma, e passou há conhecer um pouco mais sobre a história da escravidão, apesar disso ser algo difícil para ela; mas foi importante para ela ir compreendendo a questão de onde vem o preconceito de algumas pessoas com relação a isso. Ela também desabrochou! E foi importante também para nós e foi uma coisa fantástica e, de novo, eles me surpreenderam!

É uma turma grande e eu às vezes não espero tudo isso deles. Mas na hora que eu vejo, eles já estão fazendo aquilo tudo tão naturalmente que as coisas ficam leves demais, o processo todo fica leve. Tem as suas mazelas, às vezes; no começo, eles se sentiam um pouco acomodados ou com a ecolalia, às vezes com a questão de precisar repensar a brincadeira com o João e em um primeiro momento isso foi um pouco difícil.

A dança nós mudamos muitas vezes para encaixarmos da melhor forma aquilo que eles desejavam representar até que ficasse *pronta. Eles tiveram essa paciência, mas eles também me questionavam às vezes: "Mas, por quê?" E nesses questionamentos, na primeira vez que eu falava e explicava, já bastava, eu nem terminava às vezes de falar a frase e eles já entendiam. Com relação à ecolalia, uma vez um deles me perguntou a respeito e eu fui explicar que às vezes João via certas coisas na TV e que ele se sentia confortável com aquilo que ele já havia visto, que às vezes o barulho alto o atrapalhava e daí eles falavam: "Ah, eu já vi, eu já percebi que ele tampa o ouvido!" Eles mesmos iam percebendo e encaixando tudo.*

Então, eu percebo que as crianças são muito abertas. Já os adultos são mais resistentes. Então, nesse ano a visão sobre inclusão, para mim, mudou bastante. Sempre me assustava muito a questão de infraestrutura, muito, muito. Hoje, depois dessa experiência, eu receberia qualquer criança sem nenhum pesar. Foi uma experiência muito forte!

Quando eu recebi o João, eu saí um pouco do prumo; eu me assustei porque ele precisa de cuidados com relação a fralda, lanche ser dado na boca... e a escola precisa ter esse cuidado, precisa se estruturar para isso. Eu me assustei com medo de pegá-lo e machucá-lo. Mas eu já vejo hoje as coisas de outra forma. Eu penso que incluídos somos nós. Diferentes todos nós somos.

Para mim a inclusão, hoje, é isso! Todo mundo tem que ser incluído a todo momento e em todo o lugar. Não há mais essa questão do diferente. Mas mudou muito o meu olhar, a minha visão. Eu é que fui incluída na vida deles! E com as minhas mazelas todas que eu não precisei falar. E a criança é muito bonita por conta disso. Eles aceitam! Eu aprendi muito com eles, demais, demais, demais, com todos eles.

E com a dança para o final do ano, todos eles se entregaram muito! Ah, eu me lembrei de mais duas coisas! Da Mariana; ela não estava conseguindo se alfabetizar e eu percebia que havia um problema relacionado à autoestima dela, algo gritante, por mais que havíamos feito todo esse resgate, por melhor aceite que ela ha-

via recebido do grupo. Então eu propus ficar com ela após a aula para tentar mudar um pouco a visão que ela tinha de professor. Ela marcava muito forte o papel e depois apagava com força, ficava aquele rabisco. Mas apenas com duas semanas, por acreditar nela, ela começou a ler. Então eu liguei para a mãe e pedi que elas comemorassem isso e elas foram. No outro dia ela chegou na sala com um livro e lendo, porque a mãe também ajuda muito. E hoje ela se levanta da cadeira e vem me dar um beijo, ela sempre faz isso, me beija. Mas antes, ela era muito acuada, era muito resistente. São vitórias!

Já o Helton eu demorei para perceber e eu me esqueço que ele tem autismo, esqueço-me por completo. Ele tem dificuldades para lidar com sentimentos, ele leva tudo a ferro e fogo, ao pé da letra, mas ele é muito tranquilo e muito querido. Os pais dele são muito presentes e um dia veio uma psicomotricista e eles me falaram que ficavam preocupados com a questão da letra cursiva, pensando que ele não iria conseguir, porque ele tem alguns problemas na coordenação motora, com o tônus muscular. Então eu mostrei a eles como era a letra cursiva e no outro dia o Helton chegou com o nome dele em letra cursiva de um jeito que ninguém da sala tinha feito, e a letra maiúscula do nome dele, o H, é difícil, é complicada para eles fazerem. Eu vi aquilo e pensei que a mãe tivesse ficado à noite toda com ele para fazer daquele jeito tão bem feito. Fiquei superfeliz! Pensei o quão exaustivo havia sido para eles. E naquele mesmo dia a mãe veio à escola e eu pensei que ela tivesse vindo para falar sobre isso. Mas não, ela me perguntava sobre outras coisas e eu resolvi perguntar sobre a letra cursiva. E ela disse: "Não, mas ele está fazendo?" E eu disse que sim, que nós havíamos começado. Só que ele e o Marcos não contam nada em casa daquilo que acontece na escola. E eu disse que ele estava fazendo maravilhosamente bem. E quem o ensinou? Ninguém! Ele fez sozinho. Então, ele quebrou um estigma que já haviam colocado. E essas vitórias são impagáveis!

Porque na hora que eu percebi eu só falei para a mãe: "Você está vendo?", e todos haviam falado que ele não conseguiria, mas ele conseguiu sozinho. Eu pedi pra eles fazerem só uma vez. Todos eles estão conseguindo fazer sozinhos, estão tendo prazer nisso, pois nesse ano é só uma apresentação desse tipo de letra. E o Helton mostrou que ele pode sim. E quem é que vai dizer que ele não pode?

Assim como o Marcos com o tablet, ele já se vê produzindo embora ainda tenha dificuldades com a ordem do teclado. Os pais tinham medo de tirar a escrita manual [os pais achavam necessário trabalhar a escrita manual], mas com o tablet ele está produzindo muito mais. E são vitórias que eu vejo que eu insisti e eles acreditaram. Eu me lembro que eu saí da sala com a psicóloga e com a mãe, com um frio na barriga. Eu pensei: "Mas o que eu estou fazendo? Propor isso? E se der tudo errado?" Porque eles não queriam. Então, há esses medos. A gente vive na corda bamba.

O João, tirar da cadeira para tentar virar cambalhota com ele no ar? É viver em uma corda bamba. Mas são riscos que nós corremos. Põe no gira-gira, sai girando e eu com ele no colo, coisa que pode acontecer de cair. Mas, para vê-lo sorrir, vale a pena [emoção] porque nós lidamos com vidas.

E eu vim de uma escola que não era assim. Se não se tinha uma grafia bonita, eles achavam que era bonita uma grafia perfeita, então você tinha que fazer caligrafia. Se demorasse para fazer a atividade, você acabava ficando estigmatizado porque você era visto como lento. Então, apesar deles falarem de inclusão, essas atitudes não incluem em momento algum. As particularidades não eram respeitadas. Mas há também escolas com infraestrutura muito boas, até melhores do que aqui e que eu trabalhei nelas. Há um cuidador para cada aluno. Mas tem gente que não ama o que faz. Passa até em um concurso público, vai trabalhar, mas não ama. Pra você estar aqui numa escola como esta em que estou agora, você precisa amar, senão você não fica. E aqui eu percebo *que todos amam muito o que fazem. Então, para mim, inclusão é pertencimento, sobretudo. É se permitir pertencer e ser pertencido.*

A voz da professora é o espelho do sentido de uma inclusão menor que acolhe a todos, inclusive a ela mesma. Uma inclusão menor que não acontece por imposição legal ou para ascender às redes sociais ou midiáticas. Ela acontece porque a escola está envolvida em uma organização de crenças em que ser diferente é próprio da espécie humana e que essa diferença não se repete, mas se multiplica, uma vez que as pessoas não se repetem.

A experiência em receber um aluno cadeirante com comprometimentos motores e de fala sugeriu à professora e aos demais alunos que algumas coisas deveriam ser feitas de modo diferente. A solidariedade, a generosidade, o compartilhar são princípios que constituem o acolhimento ao outro e esse acolher é uma das singularidades da inclusão que se faz na própria diferença que sempre se diferencia, nunca se repete.

Percebe-se, pela voz da professora, coerência com relação à voz da diretora onde a metodologia da escola possibilita a integração de todos, inclusive dos professores COM seus alunos e todos entre si. É o acontecimento da inclusão menor na inclusão maior.

Na mesma turma há dois alunos com autismo – o Helton e o Marcos –, e um aluno com os comprometimentos motores, o João. A relação entre a turma é de respeito às diferenças de cada um, de observar o que cada um necessita, de dar atenção ao que cada um tem a enunciar. Não é uma questão de sentir pena ou de ignorá-los, mas de construir possibilidades de diálogos, de interação, de vivenciar a diferença como algo presente no ser humano, explícito em cada um de nós.

A voz da professora evidencia o quanto a vivência da inclusão é envolvente, é forte, é benéfica para os alunos com deficiência (a minoria); contudo, não deixa de ser propícia para todos (inclusão maior presente na legislação). Não são apenas os alunos com deficiência que se beneficiam com a inclusão menor (uma potência realizadora para além da *juris*). Todos são beneficiados pela vivência e pelo entendimento que somos todos diferentes e que nos diferenciamos na própria diferença. Essa experiência vital é um acontecimento da inclusão menor. Um acontecimento que se dá em um determinado espaço de aprendizagem com infinitas possibilidades de aprendizado para todos, de modo a favorecer aqueles que se encontram no território minoritário como excluídos, mas também de envolver os demais alunos na percepção e no entendimento que a diferença é de todos.

As vozes das crianças

Fizemos uma roda de conversa com as crianças da professora entrevistada. Ao todo são 25 crianças entre 6 e 7 anos de idade. Apresentamos a elas a música *Você vai gostar de mim*, cantada por Xuxa Meneguel. Depois pedimos que falassem aquilo que quisessem a partir da letra da música. Nem todos quiseram falar conosco, mas todos permaneceram ali e, entre eles, interagiam todo tempo. Ficamos surpresos ao ver o conceito de diferença que elas têm elaborado. Conceito construído a partir de suas próprias vivências. Destacamos alguns trechos da conversa. Procuramos deixar o mais literal possível as vozes das crianças.

> Tem gente que é loirinha pra valer. Tem gente com o cabelo de cachinho.
> Tem gente que parece que só faz crescer...
> Eu sou diferente de você. Você é diferente de mim.
> Eu sou diferente de você e mesmo assim você vai gostar de mim...
> Tem gente que não pode ver você. Tem gente que tem olho puxadinho. Tem gente que usa as mãos pra se mover. E tem quem mova mundo por mim...

Eu sou diferente de você. Você é diferente de mim.
Eu sou diferente de você e mesmo assim você vai
gostar de mim...
Tem gente tão fina que nem se vê. Tem sempre um
que é o mais gordinho. Tem gente com degraus pra
vencer e só depende de um empurrãozinho...
Tem gente que vai te surpreender. Parece que a ale-
gria não tem fim. Tem gente com encanto pra viver.
É gente com o pó de pilim-pim-pim...
Eu sou diferente de você. Você é diferente de mim.
Eu sou diferente de você e mesmo assim você vai
gostar de mim...

Ivan: *Eu gostei que a música falou que "você gosta de mim"!*

Renato: *Eu gostei da parte que tinha as pessoas em um qua-dradinho. Elas dançavam e cantavam. Eram todas diferentes!*

Roger: *Eu gostei mais da onde diz que "você é diferente". Quer dizer que uma pessoa não é igual à outra pessoa.*

Bruna: *Eu achei que a música é legal porque todos são dife-rentes. E é mesmo tudo diferente. Porque a Júlia é loirinha, tem o cabelo da mesma cor que o meu, mas ela não é igual a mim. Ela é uma outra pessoa. E eu gosto de brincar com a Lidia, Mirella, com o Moisés, com a Débora e com o João, porque eles são legais.*

Pergunto ao João se ele quer falar algo. E alguns colegui-nhas dizem: *Ele fala baixinho!* O Jean diz: *Todo mundo quieto!* E muitos se aproximaram dele para poderem ouvir melhor o que tinha a dizer. E o João disse: *Eu não gostei da música.* Então eu perguntei por que, e ele respondeu: *Eu não gosto da Xuxa!* E a crianças riram muito.

Pérola: *Eu gosto de todo mundo da sala! De todo mundo!*

Jean: *Se o João não pode brincar de uma coisa, que nem pe-ga-pega, a gente faz assim, faz diferente: dá pra pegar o João na cadeira de rodas e ir correndo com ele. E quem é o pegador vai correndo junto com ele e, se a cadeira encostar no coleguinha, se o João encostar, então ele pegou e tá com o outro coleguinha para pegar.*

Roger: *O João, meu irmãozinho, não sabe andar porque ele nasceu com um probleminha. Aí ele tem que fazer fisioterapia pra ele conseguir andar. Enquanto isso a gente brinca com ele de outro jeito.*

Moisés: *Eu brinco com o Marcos. Ele é diferente, mas eu gosto muito dele. Eu descobri que a gente pode brincar de um jeito diferente. E com o João a gente brinca no trepa-trepa, a gente vai na ponte, vai no pneu, vai naquela parede lá... e alguém segura ele pra ajudar.*

Renato: *Quando o João quer balançar, ele balança no balanço de caixa* [adaptado com caixa de supermercado]. *E quando ele quer escorregar no escorregador, alguém escorrega com ele e ele no colo.* E, ao ouvir o que o colega diz, João sorri do outro lado da sala.

Bruna: *E eu gosto da Mariana porque ela é legal.*

Débora: *Eu gosto de brincar com a Amanda, com a Pérola, com o Carlos, com o Renato, com o Jean, com a Júlia, com a Bia, com o Helton e com o João. E eles são muito legais!*

Jean: *O João é meu melhor amigo!*

A percepção das crianças sobre "diferença" é algo notório. Elas têm entre 6 e 7 anos, mas compreendem o sentido da diferença em razão das vivências que experimentam diariamente no envolvimento das particularidades de uma inclusão menor. Elas não têm consolidado o conceito teórico de inclusão ou de diferença, mas o vivenciam. Encontraram diferentes maneiras de brincar a partir das demandas de seus colegas que, por alguma deficiência, exigem ações diferenciadas, criativas. É assim que a inclusão é re-inventada.

Conversar com as crianças foi uma experiência incrível! A conversa foi longa, surgiram muitas outras questões que elas trouxeram para a roda. A sinceridade e o entendimento cristalino sobre a diferença estar presente em todos nós é algo a ser aprendido no mundo dos adultos.

A mulher com esclerose múltipla

A mulher é formada em pedagogia e psicopedagogia. Casada e mãe de uma menina. Vive em uma cidade do leste paulista.

Esse é um tema que me toca bastante e, para mim, é muito importante. Falar de inclusão me causa um incômodo desde o momento que eu aprendi que precisamos incluir porque, primeiramente, nós excluímos. E, desde que eu aprendi essa verdade, eu a achei muito cruel, e há muito tempo eu passei a vivenciá-la.

Eu sou portadora de esclerose múltipla há 17 anos e tenho 33 anos. Portanto, mais da metade da minha vida eu convivo com a doença. Foi uma manifestação atípica, precoce, uma doença de difícil diagnóstico. Foram 10 anos para receber um diagnóstico preciso. Muitos outros vieram e esses erros deixaram marcas.

Eu sou uma pessoa com deficiência, eu me tornei ao longo do tempo; meu caso é crônico e é progressivo. Ora de modo lento, ora de modo acelerado, a limitação se instala. Nasci sem nenhuma necessidade de bengalas ou de cadeiras. No final da adolescência esses instrumentos passaram a fazer parte da minha realidade. Por vezes eu preciso usar muletas para me locomover. Para grandes distâncias eu preciso de cadeira de rodas. Eu não sou paraplégica. Eu tenho alteração de força nos membros inferiores, o que me permite um deslocamento que não segue um padrão, mas que gera muita curiosidade e, infelizmente, também gera preconceito.

Eu já respondi perguntas do tipo: "Como pode um dia estar de pé e o outro na cadeira de rodas?" Ou: "Não anda por pregui-

ça, uma dorzinha não é nada". E, sinceramente, algumas pessoas perderam a capacidade de empatia e sequer chegam perto da alteridade. Um tenebroso julgamento sem fundamento basta para esse tipo de verborragia se proliferar no ar como um vírus nocivo. E com isso eu passei a entender que a exclusão é filha do julgamento, e a inclusão é filha da justiça. Foi o modo que eu encontrei de dialogar com esses dois conceitos e com essas duas práticas. Pois na verdade a inclusão é uma prática e a exclusão também.

Eu penso que a deficiência se apresenta de modos diversos, entrelaçados ou não. Em diferentes níveis e cada qual com sua particularidade. Deficiência não é sinônimo de limitação, como na prática, eu acabo vendo muito as pessoas concebendo. E também não é sinônimo de santificação. Nós não somos guerreiros, nós não somos santos, não somos imaculados, sequer somos vítimas de qualquer coisa. Nós somos pessoas. Pessoas feitas com belíssimas qualidades e horrorosos defeitos. Doenças ou deficiências, eu aprendi isso; ouvindo muito, ouvindo muitos colegas bem deficientes que ouvem essa mesma frase. É o seguinte: "Olha, deficiência é falta de Deus". Ela não é falta de Deus, a gente não se cura com chá.

O nosso caso, ou o meu caso, por exemplo, não é igual ao primo da vizinha da amiga da cunhada. E alguém que me conhece há 5 minutos já traça um julgamento, porque sempre alguém que conhece alguém que teve um problema parecido. E, não adianta dizer as clássicas frases que ressaltam que há tanta gente pior do que nós, que basta ter fé porque um conhecido se curou disso, de situações que não permitem esse tipo de fala.

Quanto à inclusão, ela em teoria é belíssima; ela garante, permite a quem está excluído, quem está marginalizado a pertencer ao espaço social comumente, como um membro, como alguém que faz parte da sociedade. Mas na prática ainda muito precisa ser feito. Precisamos de ações efetivas. Não basta que tenhamos vagas especiais que são coloridas de modo a declarar como um grito que quem precisa dela é alguém diferente. As pessoas podem *e passam diariamente em inúmeros símbolos de acessibilidade. E você passar sem ter uma relação com esse símbolo é uma coisa. Agora, você passar e perceber que esse símbolo te identifica socialmente é bastante diferente. Porque ele abre margem para esse conceito famigerado; conceito distorcido de diferença.*

Outra coisa, não basta distribuir alunos ditos especiais, ou pior, anjinhos, os guerreirinhos ou, infelizmente, alguns profissionais da educação acabam chamando os alunos, as crianças, tratando um adolescente de 15, 16 anos que teria uma necessidade diferenciada como se fosse um bebê. Esquecendo-se da sua fisiologia, esquecendo-se de tantos outros aspectos que o povo põe que estão muito distantes daquela única característica de sua deficiência. E colocar esses alunos em escola de um modo integrado, integração não é inclusão. Se a particularidade da necessidade não é respeitada, isso não é inclusão. Eu não acredito que seja. Não bastam senhas especiais em filas ou atendimento prioritário que tantas vezes são ineficientes, porque eles cumprem apenas um preceito sem que haja um entendimento da real necessidade de ter esses recursos. Um cadeirante tem direito a estar em uma fila para passar mais rápido. Mas por quê? Cadê a reflexão sobre isso? É uma pessoa que usa uma bengala, usa muletas, e ela tem direito a passar numa fila preferencial. Por quê?

Existem coisas que são consideradas ou julgadas óbvias: "Olha, uma gestante está com um bebê ali, tá pesado! Uma criança de colo está pesando. Um idoso está velhinho e precisa ter um atendimento diferenciado". Algumas coisas existem, ou eu pelo menos encontro ao longo da minha caminhada, algumas compreensões, mas têm outras que, de modo geral, ainda não são compreendidas, não são aceitas, são julgadas. Já passei pela situação de precisar usar, dentro de um supermercado, uma scooter para eu me locomover, para eu poder fazer as minhas compras, e um funcionário vira e fala: "Olha, você não tem cara de deficiente". E eu passei alguns dias, gosto de refletir, pensando, silenciosamente: O que é a cara do deficiente? Precisa estar escrito estampado na testa? As pessoas esperam isso. E eu, simplesmente, procurei ser educada e respondi: Deficiência não está na cara. Eu não quis dizer rosto, face, não, quis dizer na cara. Foi o que eu soube que ele entenderia. E continuei fazendo a minha compra.

Somos seres sociais. Precisamos estar convivendo, a convivência com o coletivo. Só que para isso acontecer a gente precisa de leis e estatutos para guiar essa vida, essa sociedade. Às vezes eu acho triste também que a gente acaba precisando do que esteja escrito ou documentado que não se pode agredir um idoso, que é preciso preservar o bem-estar de uma criança ou que mulheres não podem ser agredidas. Essas diretrizes e normas fazem parte de nosso convívio social e determinam a conduta que de fato humaniza o ser humano, pois nem sempre o bom-senso é bom ou o intelecto prevalece.

Incluir é permitir que a pessoa seja ela em si, é permitir que a essência se faça presente e não haja espaço para o que nós costumamos chamar de diferença. Eu costumo contestar o conceito de diferença. Eu creio que particularidades seria o termo correto. Cada qual possui características que o compõe como tal e isso, não necessariamente, compõe uma diferença. Porque para alguém ser diferente seria preciso ser comparado com um modelo único, onipresente e, afinal, que modelo é esse? Onde está esse modelo perfeito, humano? Somos o quê? Estátuas gregas, belíssimas, riquíssimas? Anatomia perfeita? Até que poderíamos ser em algum momento da nossa existência, mas e por dentro? E o que está oculto? E a essência, o caráter?

Outra coisa que eu não acredito são as chamadas minorias. Eu falo delas porque eu estaria assim, intimamente ligada, na questão da inclusão. Não acredito em minorias porque eu penso que pobres, negros, gays, mulheres e pessoas com deficiências, dentre tantos outros exemplos, e, infelizmente, usualmente, a gente usa esses termos, porque se formos contestar o que é um pobre, um negro, um gay, uma mulher e, por aí vai, quando unidos formam um conjunto magnífico em conjunto e força social. E nesse conjunto não cabe o discurso de minorias desprivilegiadas. O que eu acredito acontecer na prática é o distanciamento causado por diferentes discursos, é o ocultar-se de si. E isso alimenta a segregação.

Por décadas, pessoas com deficiência foram condicionadas a acreditar que elas não deveriam estar nas ruas. Eu sei de um caso de um paralisado cerebral que há 45 anos está em uma cama, atrofiado. Não faz fisioterapia e nunca saiu do quarto. Desde que nasceu vive naquela casa, naquele espaço. Aquele quarto é tudo o que ele conhece. E isso é segregação. Há pouco tempo alguém foi lá para conversar com essa mãe, mas com mais de 40 anos com essa atitude, com essa mesma rotina, ela não irá mudar de um dia para o outro.

Eu penso também que ainda precisamos de muitas ações e mudanças de costume, de postura para podermos dizer que a inclusão existe de fato e como um todo e que ela seja aceita e de modo natural como é respirar. Porque é isso que deveria ser. Deveríamos ter o direito de ir e vir sem restrições, mesmo que seja de cadeira de rodas, de muletas ou devagar.

A inclusão não comunga com o preconceito. E o preconceito dói! Ele machuca, rasga a alma. E ainda é pior do que lidar com atitudes preconceituosas reveladas, é lidar com o preconceito velado. Esse sim é cruel e malicioso e, infelizmente, ele pode ser cotidiano, ele pode ser comum. Ele está presente naquela vaga reservada lá no fundo da plateia de um teatro onde o cadeirante deve ficar quietinho, paradinho com a cadeira, sem incomodar a ninguém. Ou naquela porta de acesso ao fundo de um consultório médico porque a frente do prédio, sendo um primor arquitetônico, não permite uma rampa, ou um ser que não seja condizente com o concretizado conceito de estética. Partindo do pressuposto de que o belo é o que é simetricamente equilibrado. E eu nem vou falar dos prédios tombados historicamente, muitas vezes inacessíveis e excludentes. Ou das pedrinhas portuguesas presentes entre as calçadas, em tantos calçamentos do país inteiro e que são lisas, disformes, muitas vezes, não estão bem encaixadas e convidam a um tropeço, a um escorregão. Mas isso seria para uma outra longa conversa.

Eu sinto profunda tristeza quando eu penso que as escolas, em sua maioria, são espaços de exclusão; diante do fato que no espaço onde se desenvolve a aprendizagem e se desenvolvem relacionamentos é um espaço que não respeita os diferentes ritmos de cada pessoa que o compõe. Esse espaço promove um culto às diferenças. E eu insisto que para sermos considerados diferentes seria necessário um modelo a ser seguido. E esse aí é outro paradigma que precisa de muita análise e reconsideração. É uma questão bastante delicada, bastante reflexiva, porque necessita de muita análise e reconsideração.

Concebo a inclusão como o ser para todos. Simples assim. Cada qual podendo ser e estar com o outro sem precisar deixar de ser quem é, ou sem precisar ficar exposto. Eu acredito que caminhamos a passos lentos, mas caminhamos para que isso aconteça. Para que possamos habitar um mundo, estar em uma sociedade inclusiva. Eu vejo que passamos do estado de "deveria ser assim" para um estado de "é assim", ainda que de modo devagar. E ainda que haja resistência, vemos mais pessoas com deficiência nas ruas, no mercado de trabalho e em cargos dignos. Distante dos antigos cargos de menores salários e de posições mais baixas possíveis, muitas vezes escondidas dentro de uma salinha, dentro de uma empresa para não expor aquela deficiência como nós sabemos que aconteceu e que sabemos que acontece. Mas hoje está mais declarado o positivo, a tentativa e a prática da inclusão. Vemos mais alunos com deficiência nas escolas e mais profissionais se capacitando, mais discussões acadêmicas e mais ações em um todo. O tema é mais discutido na TV, mais discutido em artigos de revistas, mais pessoas estão aparecendo e estão se revelando. Para mim o ser humano é um plural no singular, vivendo a pluralidade de ser singular na singularidade de ser plural.

A moça com Síndrome de Down

A moça com Síndrome de Down é dançarina e atriz em filmes e no teatro. Vive no Rio de Janeiro.

A inclusão eu acho que deveria ter muito mais nas escolas e no mercado de trabalho, e também ter mais acessibilidade porque ainda o que se tem é muito pouco. Nós precisamos mais de inclusão porque isso é muito importante.

Eu não concordo que as pessoas com deficiência, com Síndrome de Down, devam ir para instituições especializadas. Isso nunca! As pessoas que têm a Síndrome de Down precisam estar incluídas com as outras pessoas tanto nas escolas, que é o principal, e no mercado de trabalho. Eu sou contra não fazer a inclusão. Nós precisamos de uma inclusão justa e digna para todas as pessoas, e não uma inclusão que seja restrita. Nós precisamos conviver com outras crianças, com outras pessoas com ou sem deficiência. Para mim não tem diferenças. O que tem são barreiras. E nós precisamos romper as barreiras porque nós também podemos fazer de tudo. Nós somos capazes de fazer um monte de coisas.

Eu nunca estudei em instituição especializada, somente em escolas inclusivas. Eu convivia com todo mundo. Eu já nasci com esse dom, de fazer amigos e também de ser entrevistadora. Eu brincava com minha família que eu era a Marília Gabriela. E eu tive a oportunidade de conhecer a Marília e entrevistá-la quando eu estive em São Paulo. Eu também já fiz 2 filmes e estamos esperando eles irem para o ar.

A verdade é que não há problema nenhum sem se ter um cromossomo a mais, o cromossomo 21, porque todos nós temos o cromossomo 21. Nós temos 1 a mais, mas isso não é nada demais! Nós também conversamos com as pessoas, nós também aprendemos coisas diferentes, fazemos amizades, apenas às vezes é de um jeito um pouco mais lento. Nós também precisamos que todos os

104

professores sejam mais conscientizados e tenham mais respeito por nós, porque nós sempre iremos chegar onde queremos chegar.

Então, inclusão para mim é poder estar sempre junto com outras pessoas. É estar junto, incluído sempre, na sociedade, na escola e também no mercado de trabalho. Agora, preconceito é deixar a gente de lado. Eu já sofri alguns tipos de preconceito e acho que nem vale a pena ficar repetindo, falando nisso. Hoje eu nem ligo mais. Sempre tenho pessoas comigo, tem um monte de gente que quer tirar fotos comigo, artistas, todo mundo.

É preciso que haja cada vez mais oportunidades para as pessoas com deficiência. Precisa também de mais acessibilidade para essas pessoas. E precisa muito de mais abertura no mercado de trabalho, mais oportunidades. E também é preciso passar cada vez mais informações sobre essas coisas para as pessoas com deficiência. E é essa a minha causa!

A refugiada da Síria

A refugiada síria vive em Curitiba, tem 25 anos e é casada. Está no Brasil desde 2013.

Eu tenho 25 anos, sou casada e sou síria. Nós chegamos ao Brasil em 2013. Foi um processo muito difícil e longo. Passamos por muitas cidades até conseguirmos chegar ao Brasil. Eu sou de Aleppo e minha cidade foi destruída pela guerra. Para me casar com meu marido também foi algo difícil. Minha família estava no Kuwait e eu fui para lá, mas meu marido não tinha permissão para ir. Os países árabes não aceitam refugiados árabes. Mas ele conseguiu entrar como visitante em razão de um trabalho na área da arquitetura; ele é arquiteto. Mas para nos casarmos precisamos ir para uma outra cidade próxima. Então nós nos casamos.

Depois ele voltou para a Síria e ficamos mais ou menos uns 6 meses sem nos vermos. Eu fiquei muito mal e sem ter nenhuma notícia dele. As linhas telefônicas estavam todas cortadas. Então nós decidimos que teríamos que sair da Síria. Meu marido sofreu muito com a guerra, com as experiências de bombardeio na cidade.

Como tínhamos conhecidos sírios que estavam em Curitiba, entramos em contato e eles nos deram algumas informações. Então saímos sem nossas roupas, sem nada do que tínhamos; apenas com um pouco de dinheiro e fomos passando por vários lugares, até então chegarmos em São Paulo, no Brasil, e depois em Curitiba. Mas nós sobrevivemos.

A maioria das pessoas sírias ficaram sem nada. Foi muito difícil! Viemos para Curitiba em 15 pessoas da nossa família, dentre elas, 2 pessoas que hoje estão com 85 anos. Para nós foi uma esperança o Brasil nos receber como refugiados, porque naquela época não havia muitos países que recebiam refugiados sírios. Hoje isso já está bem diferente, há diversos países que estão recebendo refugiados.

A maior dificuldade nossa foi a diferença da língua. Nós nunca tínhamos ouvido o português. E é muito diferente do árabe. Então, para nos comunicarmos sobre qualquer coisa que precisássemos tudo era muito difícil. Na primeira semana em Curitiba precisamos alugar uma casa para morar. Pediram para nós 10 mil reais como caução. Todo o dinheiro que tínhamos foi nisso. Nós não tínhamos emprego, não tínhamos nada. Mas como imigrantes estávamos melhor do que muitos outros sírios que ainda estavam na Síria, no meio da guerra.

Devagar fomos aprendendo um pouco do português. Tentei entrar em uma universidade, mas não fui aceita porque não falava português. Então pensamos na Universidade X porque é uma universidade federal, pública. Mas nos disseram que a Universidade X era dificílima para entrar, que não adiantaria tentarmos. Mas eu pensei: O que eu tenho a perder? Não tenho nada pra perder! E para minha surpresa fui aceita, acolhida pela Universidade X como refugiada, mesmo embora a lei para estudantes refugiados ainda não tivesse em vigor. O coordenador do curso de arquitetura conversou comigo em inglês, porque eu não falava nada em português. E ele me disse que eu abriria a porta para muitos refugiados, sírios, africanos, de todas as partes, sendo a primeira refugiada a ser acolhida pela Universidade X. E eu fiquei muito feliz de saber que poderia ajudar muitas pessoas mesmo sem conhecê-las. Hoje a Universidade X tem um programa para receber estudantes refugiados.

O Brasil é um país que nos aceitou, mas que, por outro lado, não tem nenhum tipo de programa para auxiliar os refugiados quando chegam ao país. Isso era necessário ser feito. Os idosos de nossa família não têm plano de saúde e, quando precisam ir ao hospital, tem dificuldades para serem atendidos por falta de documentos e programas. Eles tinham uma aposentadoria na Síria, mas aqui no Brasil não têm nenhuma e eu tentei ver se haveria alguma forma deles receberem pelo menos 1 salário, mas isso não é possível. Eles falam poucas palavras em português, estão idosos e têm dificuldades para aprenderem um novo idioma. Meu marido está trabalhando agora.

Nós abrimos um pequeno restaurante de comida árabe que é uma forma de trabalharmos e termos dinheiro e está sendo muito bom. Nós não paramos, trabalhamos todos os dias para podermos tentar refazer nossa vida aqui. Aos poucos fomos percebendo que apesar de diferença na cultura, na alimentação, e, principalmente, no idioma, há coisas que são comuns entre brasileiros e sírios: Nós somos alegres! Mesmo em situação de guerra, mesmo fugindo de nosso país, nós continuamos a ser um povo alegre; nós temos a nossa alegria. Nós agradecemos a Deus por sermos sobreviventes à guerra.

Eu estou fazendo agora a faculdade de arquitetura e pretendo me formar em 2016. Tenho colegas que me ajudam. Sempre pergunto sobre o que é uma determinada palavra em português e assim vou aprendendo cada dia mais. Meu marido se formou *em arquitetura na Síria, porém ainda não conseguiu revalidar o diploma no Brasil. É muito difícil fazer uma prova em português. Ele sabe todo conteúdo da área da arquitetura, mas dizer isso em português é difícil ainda para nós de forma escrita.*

O Brasil precisava melhor se preparar para receber os refugiados, porque essas coisas dificultam muito o refazer de nossas vidas. Mas estamos agradecidos a esse país que nos acolheu, que nos incluiu! Eu pretendo organizar um projeto para ajudar refugiados da Síria e de outros países também.

O ex-presidiário

O ex-presidiário fugiu de casa aos 12 anos de idade em razão de uma infância difícil. Envolveu-se com o mundo do crime. Realizou assaltos e homicídio antes de completar 19 anos de idade. Foi preso durante 31 anos e 10 meses. Atualmente é escritor e enuncia suas memórias de sobrevivente.

Eu fugi de casa aos 12 anos de idade e em razão de delitos cometidos fui levado para a Febem, hoje Fundação Casa. Para sobreviver ao mundo da prisão, passei a viver a cultura do crime. Fugi da Febem várias vezes com outros moleques que não eram ladrões, porém sobreviventes, eram meninos de rua. Até os 18 anos de idade vivi no furto. A polícia nos pegava e retirava o dinheiro que tínhamos conseguido, então nos soltavam. Também nos batiam, nos torturavam. Aos 18 anos já andávamos armados com o intuito de realizarmos assaltos, vingança.

Por ter matado uma pessoa fui condenado a 31 anos e 10 meses na penitenciária do Carandiru. A cultura do crime foi impregnada em minha cabeça desde a infância e eu não tinha uma outra forma de estrutura cultural para lutar contra isso. Na prisão isso se intensifica. A cultura do crime está totalmente impregnada na cadeia e os presos ficam completamente à mercê dela. Na cadeia se encontram desde o cara que roubou algo no supermercado até aquele que foi pego com cocaína, junto com o assaltante e com o estuprador. A cultura é produzida pelo próprio ser humano no local onde ele se encontra. Dentro da cadeia o que se produz é a cultura do crime. E a sociedade os abandona.

Eu me alfabetizei na cadeia e acabei me tornando um professor para outros presos. Eu cheguei a dar aula de História, de Português; era identificado como "o professor", porque na cadeia todos têm uma identificação. Eu fui o primeiro detento do Estado de São Paulo a ser aprovado no vestibular. No dia em que fui à minha primeira aula na faculdade, encontrei minha mãe na porta de entrada. Fazia 12 anos que eu não ficava junto a ela. Então nos abraçamos, choramos e eu pude dar uma satisfação a ela sobre tudo o que havia ocorrido.

Nessa experiência na cadeia, eu observei que a solução para mudar essa situação são os meios culturais. Problemas culturais se resolvem com soluções culturais. E a solução cultural para os presos seria as pessoas não os abandonarem na cadeia, esquecê-los ali. A sociedade precisava oferecer às pessoas que estão na cadeia a cultura social para que elas tivessem uma opção cultural, pois a cultura não morre. A pessoa que está abandonada na prisão à mercê daquela cultura do crime, quando sai da prisão ela acaba produzindo novamente aquele tipo de cultura que viveu ali por muito tempo.

Quando eu saí da cadeia, eu não conseguia nem andar direito e por isso eu procurava evitar estar no meio de uma multidão de pessoas. Aos poucos é que eu fui conseguindo atravessar a multidão. Esse comportamento também foi produzido na cadeia. Mas o contato com a literatura foi o que me salvou. Eu aprendi a escrever carta na cadeia com um amigo. Primeiro eu fazia um rascunho e depois passava a limpo para enviar a minha mãe. Devagar passei a escrever sozinho. Escrevi também para outras pessoas.

Um dia escrevi para uma professora que vivia no Rio de Janeiro. Ela gostava de literatura e passou a me enviar alguns livros para eu ler. Eu estava preso e minha vida se limitava a alguns metros quadrados. Então conheci os livros de Érico Veríssimo e me apaixonei. As pessoas me traziam livros e fui convencido de que ler era algo bom, interessante.

Hoje eu enxergo apenas de um dos olhos, mas mesmo assim eu adoro ler. Por isso é tão importante a cultura ser oferecida ao preso como uma opção. Mas esse individualismo, o capitalismo selvagem acaba conosco. A falta de educação é o problema do Brasil.

Hoje eu vivo de escrever, de falar sobre aquilo que eu escrevo, de ensinar a partir daquilo que eu escrevo. Mas ainda há muito preconceito. Muitas pessoas não querem ler o que eu escrevo por ficarem sabendo que sou ex-presidiário, de certa forma, a exclusão continua mesmo fora da cadeia. Eu gosto de escrever poesias e contos, gosto de escrever, de inventar e criar. Mas o maior interesse de muitas editoras está apenas na autobiografia pelo sensacionalismo e isso eu não quero fazer. Eu não quero ficar relatando sobre polícia, bandido e tiros. O melhor mesmo é criar! Dizer que: "A janela da cadeia parecia uma TV e o que estava lá fora não tinha significado. A repetição daquela gente andando. Era uma paisagem, um quadro em movimento". Mas o que a sociedade gosta é de ouvir sobre violência na prisão. Mas a única satisfação que eu encontro na vida é escrever, nesse momento eu sou feliz.

Lá na cadeia o que eu encontrei foram pessoas e não animais. Pessoas que também são capazes de produzir e são capazes de fazer arte, elas também têm talentos. Elas podem sair da cadeia e se darem bem. Mas quando saem, não há no Brasil nenhum tipo de apoio para esse egresso, não há nenhuma lei que o ampare. Muitos sairão e não terão sequer família, eles não têm o que esperar. Todos os meninos que começaram comigo na vida do crime morreram ou enlouqueceram. Só eu sobrevivi; e sobrevivi até hoje pela literatura.

A literatura foi o meu caminho para a liberdade, os livros preencheram o meu imaginário e assim eu não me perdi na cultura do crime. A literatura me trouxe para a sociedade e me deu uma estrutura para que eu tivesse condições de pensar e me colocar na vida.

Eu li inúmeros livros sobre a vida de presos do Brasil e de outros países. Uma coisa em comum nas falas dos presos é que o preso não pode falar de si porque todos acham que ele busca se justificar, mas também ele não pode falar lá de fora da prisão, então o jeito é o preso se silenciar. Esse silêncio do preso produz sua alienação do mundo e vive algo que não existe. Ele sempre está no retorno ao passado na prisão, pensando naquilo que poderia ter feito de outra maneira ou então pensando no futuro, quando sair da prisão. O homem é um ser de cuidado, mas também é um ser de necessidades, de necessidades a serem satisfeitas. E a cada vez que ele satisfaz uma de suas necessidades, outras vão sempre surgindo. E quando essas necessidades não são supridas, a gente vai morrendo. Não só morte física, mas alguns morrem da emoção, outros da razão, outros enlouquecem, o coração do preso está na sola do pé.

Para mim, a dor me trouxe para perto das pessoas. Quando eu comecei a compreender a minha dor, eu comecei a ver a dor do outro e comecei a ter dó dos outros. A dor me trouxe a compaixão e me trouxe o outro para dentro de mim.

O juiz

O juiz trabalha no Poder Judiciário há 22 anos.

Eu fui juiz criminal até 2011. Atualmente estou mais voltado para a área de atuação cível. Fiquei muito descontente com a minha experiência de juiz criminal. Eu observo que o modelo *brasileiro está falido. Nós temos presídios que são verdadeiras instituições totais.*

Sob o pretexto de falta de verbas, de falta de orçamento, sob o pretexto de que nós devemos aplicar em tal coisa tal política pública e não podemos aplicar no presídio, não se investe em melhorias. Só para se ter uma ideia, no ano passado 87% do orçamento aprovado e destinado a presídios foi glosado, ou seja, não foi liberado. Nós temos uma massa carcerária que cresce gigantescamente em um sistema que não comporta vaga.

Então, como que se resolve isso? Fazendo superpopulação carcerária. Nós temos distorções absurdas, onde você pega uma revista Veja *divulgando que o José Dirceu tinha TV de 32 polegadas na cela que ele ocupava lá na Papuda, enquanto você vai em uma cela de algum presídio paulista que onde cabem 8 presos são colocados 22. Então nós vamos vendo que é um sistema totalmente brutal e que não há condições mínimas de garantir segurança desse detento.*

Ele entra para uma instituição que é um Estado paralelo, ele deixa de fazer parte da República Federativa do Brasil e entra em uma outra república com regras próprias e com um ordenamento jurídico próprio. É como se ele deixasse de ser cidadão. É como se ele virasse uma pessoa apátrida, sem proteção da ordem constitucional. Ele entra sob o regime jurídico daquela instituição social que é o presídio. Se ele recorre aos meios formais estatais, ele sofre sanções da ordem interna do presídio. Por exemplo, se alguém abusar sexualmente desse detento e se ele declarar que foi abusado sexualmente para o Estado formal, e começar uma investigação contra quem abusou dele, ele vira o chamado cagueta. Ele vai sofrer sanções muito mais graves.

No ano de 2005 eu me lembro que entrou na cadeia da comarca, onde eu trabalhava, um preso por problema de violência sexual e foi colocado em uma cela comum. Quando sabidamente deveria ser colocado em uma cela especial para não ter contato com essa regra paralela, com essa justiça paralela que impera na cadeia. Em 3 horas ele saiu morto da cela e tinha quase todos os ossos do corpo quebrados. Ninguém testemunhou a respeito do que aconteceu com ele, a morte foi "não esclarecida". Disseram que ele escorregou na pia do banheiro, só que ele estava com todos os ossos quebrados.

Da forma como está hoje no Brasil você tem uma pena de morte instituída nessa instituição total que são os presídios brasileiros. Porque eles têm um regime paralelo em que há pena de morte. Esse tipo de sistema não re-socializa ninguém. É muito bonito falar que há uma prevenção especial da pena, como nós dizemos no Direito, e que ela vai re-socializar o indivíduo. Só que não re-socializa. O indivíduo sai muito pior do que ele entrou. Isso é uma experiência de quem foi juiz criminal de 1993 a 2011. Eu me desiludi com esse sistema. É como se nós estivéssemos fazendo uma analogia com o serviço de enxugar gelo. Você vai colocando mais pessoas no sistema, as pessoas vão saindo piores; vão aliciando outras pessoas e vai virando um ciclo vicioso. Então, eu não acredito no sistema penal.

Concordo com Niklas Luhmann no sentido de que nós devemos repensar a instituição da pena corporal. Nós devemos partir para a justiça restaurativa onde nós tenhamos penas alternativas que realmente dignifiquem as pessoas. Por exemplo, o comparecimento ao tratamento psicológico, se for o caso; a reparação de danos ao ofendido. Eu observava que havia pessoas com porte de entorpecentes que estava presa, detida por 8 ou 10 meses e eu pensava – como é que essa pessoa veio parar aqui por causa disso? Que ofensa essa pessoa que estava lá pelo porte de um cigarro de maconha fez para estar lá cumprindo pena junto com homicidas? Não havia uma separação por tipos de delitos. Assim, a pessoa entrava ali e aquele presídio já estava dominado internamente por certa facção criminosa. Então a família dele tinha que pagar por conta de proteção interna pra ele. Eles dizem: "Se você quer que ele não seja abusado aqui dentro, você vai pagar tanto por mês".

Houve um caso onde a esposa (isso foi constatado em processo) tinha que fazer favores sexuais para a cela inteira na visita íntima para que o marido não sofresse as consequências lá dentro. Isso não é coisa de filme! Isso acontece mesmo. E isso é em cadeia pequena. Imagina o que não acontece em presídios com 2 ou 3 mil detentos? Isso era numa cadeia que era pra comportar 7 presos e havia ali uma média de uns 60 a 80 presos. Ou seja, um universo bem pequeno dentro de um universo maior que é muito pior. Então, eu não acredito que presídio seja a solução.

Eu entrei acreditando, a gente entra com uma visão teórica do Direito Penal, acredita que o remédio pra tudo é o encarcerar quem está violando a ordem jurídica. Mas aí você vai vendo, os anos vão chegando, as experiências vão demonstrando que, na verdade, você fez errado, você não deveria ter encarcerado ninguém. Por isso eu rompi com o Direito Penal. Eu não acredito no Direito Penal. Eu vi que não conseguiria barrar o sistema, eu era mais um na engrenagem, o meu serviço estava ficando complicado. Você fica mais desanimado com o sistema. E para mim ficou pesado. Eu decidi ir trabalhar com outras coisas e me afastei da área.

Diferença pra mim é parâmetro para chegar à igualdade. Mais ou menos como a história da República de Platão: tratar desigualmente os desiguais para igualá-los. Você pega o hipersuficiente e o que o Estado liberal queria? Ele queria igualdade formal. Então, o rico tem um corpo de advogados e basta que você nomeie um advogado malremunerado para o pobre e pronto, eles estão em pé de igualdade. Isso é Estado liberal. Nós vivemos hoje em uma democracia participativa, nós vivemos em um Estado que se diz democrático. E nós temos o quê? Nós temos um sistema que não é de igualdade, um sistema de isonomia. Nós partimos de que há diferença, mas partimos da ideia de que as pessoas são diferentes. O que a nossa Constituição estabelece? Que nós peguemos esses diferentes, esses minus habens que estão em posição de hipossuficiência e nós temos que dar a eles certas vantagens para que possa-

mos igualá-los aos que não são hipossuficientes. Essa é a minha visão de encarar a questão das diferenças hoje no Estado brasileiro. Porém, quando você pega distorções como a publicação da revista Veja em que o José Dirceu está numa cela sozinho, com uma TV de 32 polegadas e reclamando porque não tem canal a cabo e pega a realidade de um outro que está lá numa cela que cabem 8 com mais 21 pessoas e tendo que fazer revezamento para poder dormir, eu falo que estamos dentro de uma deturpação do conceito de diferença. Pois nós estamos pegando um hipersuficiente e estamos dando mais vantagens a ele e aí o sistema tende a se tornar extremamente injusto, a Constituição acaba sendo extremamente violada nesse sentido. E é a democracia quem perde.

Com relação à inclusão nós devemos ver que se o objetivo é pegar o hipossuficiente e igualá-lo ao que seria suficiente ou hipersuficiente, então nós precisamos ter políticas públicas cada vez mais voltadas para a inclusão de todos aqueles que se encontram nessa posição de hipossuficientes.

Hoje, no Direito, nós falamos dos hipervulneráveis que são aquelas minorias que acabam tendo seus direitos sistematicamente violados e explorados. Nós dividimos por classes no Direito. Nós falamos do direito dos idosos, das crianças, das pessoas com deficiências, dos transgêneros, das pessoas analfabetas e semianalfabetas que também têm uma proteção especial nas formas de contratação em relação às outras pessoas. Eu penso que nós devemos estimular políticas de inclusão em todos os aspectos para cumprir o que de fato está na Constituição de um Estado democrático numa democracia participativa.

Perguntamos ao juiz sobre sua percepção a respeito dos manicômios judiciais como uma instituição total. E eis seu comentário:

Ontem eu estava lendo no site Canal Ciências Criminais um relato de um detento que precisava fazer uma perícia para obter um determinado benefício penal. Nós temos o regime fechado em que a pessoa fica 24 horas dentro do presídio; temos o semiaberto que é a colônia penal onde a pessoa trabalha durante o dia, vigiada, e à noite ela fica detida e temos o regime aberto em que a pessoa trabalha externamente, sem vigilância, e volta para dormir no presídio. Como não temos vaga para todo o sistema, acaba se dando o benefício no regime domiciliar em que a pessoa fica em casa porque não tem vaga no sistema. Essa pessoa estava querendo ir do regime semiaberto para o regime aberto. Então, o juiz determinou que ela fizesse um exame criminológico porque a lei de execução penal estabelece isso. A avaliação psicológica é feita pelo grupo multidisciplinar para ver a aptidão, a potencialidade dessa pessoa para ela voltar a delinquir ou não voltar a delinquir.

Infelizmente, ao invés de ser algo feito caso a caso, por exemplo: "Aqui eu suspeito que essa pessoa possa ter mesmo um problema", acabou virando praxe! Os juízes não têm tempo para analisar todo o volume de processos que ele tem. Então, às vezes, os juízes terceirizam para outros funcionários que, muitas vezes, não são formados em Direito. Olha o perigo disso! Terceirizam para que eles façam os exames, pois às vezes eles têm muita prática na área, eles fazem e o juiz só assina. Como os juízes não têm tempo de pegar e olhar caso a caso, ver todos os processos de novo, virou uma praxe dizer: "Olha, manda todo mundo para o exame criminológico". Resultado: o Estado, de modo geral, não tem condição de fazer o exame criminológico em todo mundo.

Então, um exame criminológico que era para ser feito de imediato, já que a pessoa atingiu o tempo dela, quanto mais tempo demora no regime em que ela está, mais o direito dela está sendo violado. Então, acaba-se demorando de 30 a 60 dias para fazer um criminológico.

Eu estava ouvindo um relato de um preso que estava passando do regime semiaberto para o aberto. Esse preso narrou que ele viveu o inferno nesses 60 dias do exame criminológico, porque ele precisou ir para Franco da Rocha [hospital-presídio]. Não havia psicólogo atendendo no presídio em que ele estava, então ele foi encaminhado, 60 dias antes do exame, por problema burocrático de escolta e para tornar mais econômico para o Estado e poder transportar vários de uma vez só. Então foram todos juntos, 6 detentos, para Franco da Rocha. Eles ficaram em celas separadas. Passaram momentos de extremo horror e angústia. Não dormiam porque de hora em hora as celas eram batidas para os funcionários entrarem e ficarem dopando as pessoas que estavam em Franco da Rocha, isso, relato do preso. Havia gritos, ameaças de morte, situações de pessoas histéricas provocando tumulto. Então, passavam o tempo todo dormindo e acordando, dormindo e acordando. Pessoas que não tinham qualquer anomalia psíquica. Até que, por fim, ele conseguiu fazer o exame e ser liberado.

Ele não tinha nenhum problema, nada o impedia de passar pelo sistema, mas ficou 60 dias tendo o direito dele violado num estabelecimento psiquiátrico que, para ele, era pior do que o presídio em que ele estava. Agora, se um preso, que está submetido a condições extremas, é um verdadeiro curso de sobrevivência... você ir parar em um presídio. Se ele está em condições extremas no presídio e diz que o manicômio é pior que o presídio, então, não dá pra imaginar em que condições estão esses manicômios judiciais. Um dos seis que estava na cela pediu um remédio para dor de cabeça e deram a ele um comprimido. Esse preso dormiu 18 horas e acordou com amnésia. Isso no relato que consta no site do Canal Ciência Criminal sobre a vida no manicômio. As condições de um hospital judiciário são muito piores do que as de um presídio.

Indagamos ao juiz a respeito do fechamento de escolas e da redução da maioridade penal no Brasil.

É absurda a ideia! Absurda! Quanto mais você encarcera alguém, mais você está sujeitando aquela pessoa a um sistema brutal, a uma ordem jurídica paralela. Aquela pessoa vai sair melhor? Não, não vai! Ela irá sair pior.

Nós temos hoje em vigor no país o Estatuto da Criança e do Adolescente, que considera toda pessoa menor como pessoa em excepcional condição que deve ter sua integridade respeitada. O Estado deveria modificar o sistema da Fundação Casa [antiga Febem], mas eles mudaram só o nome para dar a impressão que era uma coisa diferente. Porém, a estrutura continua sendo, basicamente, a mesma; é encarceramento, é um presídio mirim.

Você expõe aquele menor infrator a um tempo muito menor de segregação naquele ambiente deletério. Mas se você reduzir a maioridade penal você vai pegar uma pessoa que ainda está em desenvolvimento e vai jogá-la em contato com quem está completamente desajustado e essa pessoa vai sair muito pior do que entrou. Ao invés de se estar oferecendo estudo, ao invés de se colocar um assistente social para que ele vá até aquela família buscar ver a causa do problema, para ver o que está errado ali, por que aquela criança saiu do caminho; ao contrário, coloca-se à criminalização. E isso porque essa ação é o paliativo mais barato que tem para o Estado. O Estado não combate a causa. A causa pode ser o problema econômico, as condições difíceis em que aquela família está vivendo. Mas para resolver isso o Estado tem que oferecer escola de qualidade, alimentação de qualidade, trabalho digno, tem que se mexer em uma série de fatores que a ninguém interessa mexer.

Porque há muita gente que ganha dinheiro em cima disso. Mas quando se fala: "Vamos encarcerar", é custo zero porque já está aí em andamento a Fundação Casa e você só precisa mudar o nome Fundação Casa para presídio. Custo zero! Passa-se demagogicamente para a sociedade uma impressão de que aquilo foi resolvido, e aquilo saiu a custo zero, porque a infraestrutura já está toda ali. Ao invés de se deixar aquela pessoa segregada 3 anos, ela ficará segregada por 8 anos. Que recuperação essa pessoa terá? Que ganho de prevenção social nós iremos ter? Nenhum!

Eu vi pessoas que entraram na cadeia roubando galinha e que saíram praticando latrocínio. Eu vi gente que entrou por causa de baseado de maconha e saiu roubando banco. Eu vi isso. E isso vai em uma gradação. E dizem: "Ah, mais esse que cometeu latrocínio tomou uma pena de 30 anos!" Tomou! Mas irá ficar preso por 5 anos porque nós temos sistema de progressão e regressão de pena. O Estado estimula as progressões para liberar vaga. E aí, a culpa é do judiciário? E dizem: "Ah, a polícia prende e o juiz solta!"

Quantas vezes nós já ouvimos essa frase? O juiz solta porque é a lei; então, ele tem que mandar soltar. Se houvesse lei falando que não vai soltar, o juiz não soltaria. Já dizia Montesquieu quando ele elaborou a teoria da tripartição dos poderes: "Qual é o maior poder dentro do Estado? É o poder de dizer quem está certo e quem está errado". Quem tem esse poder pode dizer sempre quem está certo e esse é o maior poder dentro do Estado.

Quem detinha esse poder era o imperador. O imperador concordou em abrir mão desse poder e passou para o judiciário, porque esse poder desgasta. Desagrada pelo menos 50% da sua clientela. Então fica fácil o imperador falar: "A culpa não é minha, é do juiz". Quem nomeia os órgãos de cúpula do Judiciário é o chefe do Executivo, após sabatina pelo Senado. Quem controla o Poder Judiciário é o Executivo e o Legislativo. Então, o Judiciário é realmente independente?

Então, voltando à questão da maioridade penal, o que se faz demagogicamente? Demagogicamente, eles dizem: "Vamos diminuir a maioridade penal", ou seja, vamos passar à sociedade uma falsa sensação de segurança e a custo zero, porque a gente transforma a Fundação Casa em presídio. E assim eles mantêm essas pessoas presas por mais tempo e talvez até criem mais vagas no sistema, porque será ficar intercambiando para a Fundação Casa, porque os presídios estão superlotados, e então é superlotar a Fundação Casa para virar presídio. E quem é que ganhará com isso? Não é a sociedade. Isso é decepcionante.

Nós iniciamos a carreira com muito gás e o Estado dá um jeito de tirar esse gás. A realidade é muito dura, cruel. E isso que nós estamos conversando é apenas a ponta do iceberg que nós estamos arranhando. É lamentável de se ver como se usa a tutela penal de modo inconsequente, ela é panaceia para todos os males. E dizem "para curar tudo, vamos colocar que é crime e vamos punir as pessoas". E nem sempre colocar como crime é a melhor solução. Quando se criminaliza tudo, aumenta-se a violência. O problema é alarmante e complexo demais.

Então, com o passar do tempo nós vamos observando, vamos analisando, vamos ouvindo presos, policiais, nós vamos ouvindo todas as engrenagens, nós ouvimos fala de promotor, fala de delegado e percebemos que o problema está longe da solução. E que a tipificação, ou seja, a criminalização de condutas não resolve nada. Deixo claro que não estou falando que sou a favor de liberar o estupro, porque às vezes somos acusados de defendermos uma ideia que na verdade está sendo desvirtuada. Mas você começar a querer mandar pra cadeia alguém porque discutiu no trânsito, porque matou culposamente [sem intenção de matar] no trânsito? Que essa pessoa pague indenização eu acho correto, porque ela ceifou um pai de família, causou dor, luto, despesas médicas. Agora, ela ser colocada junto com um homicida para sair de lá planejando roubar banco? O que é pior para a sociedade?

Aqui no Brasil nós estamos ampliando o Direito Penal para que ele se torne máximo para que qualquer pessoa possa ir presa por qualquer deslize, inflando o sistema para que as pessoas saiam piores. Então, reduzir a maioridade penal eu vejo com péssimos olhos. Não irá resolver o problema, mas sim piorar o problema. É preciso atacar a causa. Por que aquele indivíduo é criminoso? Por que ele quis? A pessoa foi levada ao crime, ninguém quer voluntariamente morar em uma cadeia. Quem comete um crime comete como última ratio, como última razão. É lógico que há casos e *casos. Tem pessoas que precisam é de tratamento por terem desvio de comportamento, mas não precisariam de encarceramento.*

É preciso estimular a justiça restaurativa. Tratar essas pessoas. Procurar dar maior vazão às penas alternativas. O CNJ sofreu inúmeros ataques quando recentemente começou a fazer propaganda para estimular a justiça restaurativa e o esvaziamento de presídios, como se aquilo fosse um pecado. Isso porque se vende a ideia de que a crise de segurança se resolve com cadeia. Mas não se resolve, resolve-se com infraestrutura, mas isso é caro e cadeia é barato.

O Brasil é um dos países que mais encarcera no mundo. Nós temos a 4ª população carcerária masculina e a 5ª população carcerária feminina. Perdemos da China que tipifica tudo [trata tudo como crime], Índia que tem uma população muito grande e Estados Unidos que lidera o ranking, mas lá eles têm até a pena de morte. E eles não são países seguros. As pessoas não se sentem seguras. E, não obstante, eles têm as maiores populações carcerárias do mundo. Na Índia nós vemos estupros coletivos. Encarcerar resolve o problema?

Na outra extremidade nós pegamos países com a maior carga tributária do mundo que rivaliza com a nossa no Brasil, é a Suécia. Lá na Suécia a reincidência é de 30% e aqui no Brasil é de 85%. Lá, de cada 10 eles recuperam 7. Lá não se sai prendendo as pessoas como se faz aqui, eles têm questões altamente polêmicas. Eles pegam um ofensor sexual e dá pra ele a opção: você quer ir preso ou você se submete a tratamento e à castração química? Voluntariamente ele é orientado por advogado, auxiliado por médico e ele escolhe; e se tem opção ele não irá para a cadeia. Ele se trata. Onde está o acerto? No país em que cada 10 recupera 7, ou aqui em que cada 10 se recupera 1,5? E as cargas tributárias são equivalentes, beiram a 40%. Mas lá você não paga escola, hospital, a segurança pública é respeitada e prestigiada, nem todos os policiais usam armas, e no judiciário até 1 milhão de Euros você não paga advogado. Mas nós não vemos políticas sérias no Brasil, e sim deturpações. E criminalizar tudo não resolve, e encarcerar não recupera ninguém. A longo prazo isso não é interessante para a sociedade.

Sobre inclusão, o Estatuto da Pessoa com Deficiência, Lei 13.146, que entrará em vigor agora, no dia 6 de janeiro de 2016 [sic], vemos que já estão se formando 2 blocos de juristas. Um dizendo que é uma lei moderna, que está adequada ao Pacto de Nova York que previa essa igualdade de tratamento na sociedade. E outro bloco dizendo que essa lei é absurda porque ela não está protegendo quem deveria proteger, ou seja, tutelar ou não tutelar o deficiente intelectual. Então nós já temos duas correntes de juízes, pessoas já se dispondo a não cumprir a lei. Já há uma resistência não só de juízes, mas de juristas.

Eu vejo que tudo que é inclusivo é democrático. Nós devemos lutar para que haja a inclusão, sim. Se a escola particular terá que distribuir seus gastos, que assim seja, porque a nossa sociedade é isonômica. Se nós concordamos em viver no Brasil, nós temos que seguir as regras do Estado democrático. O Estado terá que se adaptar com a rede pública de ensino. Se ele não cumprir a lei, temos que fazer doer no orçamento dele com indenizações. Assim ele cumprirá a lei.

10 A solidão do excluído em todo o tempo é povoada

Como já mencionamos, não temos nenhuma intenção de realizarmos uma análise de conteúdo ou de discurso das vozes que se enunciaram. Apenas dialogamos com elas, entrelaçamos acontecimentos que trazem legitimidade ao nosso ensaio sobre inclusão e diferença, e sobre as possibilidades de se re-inventar a inclusão para os aprendizes do século XXI. Esses aprendizes não são apenas aqueles matriculados nas escolas, mas somos todos nós, aprendizes matriculados na escola da vida.

As vozes que se enunciaram de seus pontos de partida, de seus papéis e funções sociais, de suas linhas de fuga, emergem guerrilhas de superviventes. Enunciam algozes e conquistas do alheio por meio de lutas ou de esforços contrariados. As trilhas são irregulares até o ponto de chegada.

As reivindicações parecem coincidir entre as vozes. Elas intentam reaver propriedade (espaço para ser e estar) na posse ou, então, o usufruto de outra pessoa. Elas conclamam "gente" para povoar sua solidão. Não se restringem às leis, gestão pública ou à mídia. Elas clamam tumultuariamente contra as ações excludentes pautadas na diferença construída como identidade. Não se restringem a ecoar sua angústia, ademais, enunciam que a inclusão social dos excluídos é produto de um agente, é a manifestação dos sentimentos dos próprios excluídos.

Denotam que não é suficiente uma militância no interior das instituições, porém é necessária para além dos muros. Uma militância democrática fora dos muros, em todos os territórios e fronteiras, para que o apoio às reivindicações seja multiplicado.

As vozes enunciam um desejo e uma atitude de agregar cada vez mais cidadãos que estão para além dos muros da institucionalização com o propósito da humanização daqueles que são de sua própria espécie.

Elas reagem à mídia sensacionalista e censurista. Elas denunciam seus opressores e as variadas formas de embrutecimento que utilizam. Elas não sentem vergonha de se desnudarem diante do padrão social estabelecido pela tradição. Elas caminham em frente com um amor genuíno à vida que lança fora o próprio medo. Elas não transferem responsabilidades, mas assumem seus posicionamentos. Não há espaço para neutralidades, pois assumir-se neutro, abster-se ou se equilibrar em cima do muro, já é uma tomada de posição imprópria para sobreviventes.

As vozes, desde as mais sofridas até as mais inocentes e puras, proclamam que a diferença é uma qualidade de todos nós. Que a diferença não é motivo para se fundamentar o *apartheid*. E que é possível o re-inventar maneiras de perceber o outro, de conversar com ele, de aprender com ele, de brincar com ele... de se relacionar e conviver com ele! Porque o outro não é apenas "o outro", mas também é cada um de nós quando também somos percebidos pelo outro.

As vozes nos fazem pensar que não é a inclusão social que depende daquilo que significa ou de seu resultado como consequência. Porém, é o movimento de coisas, de continuidade que está sujeito às consequências simbólicas representadas pela inclusão ou percebidas nas entrelinhas não representativas que geram as mais variadas metáforas ou representações. Essas produzem trilhas rizomáticas que são interceptadas conforme as circunstâncias singulares que dispersam e emaranham tanto aquilo que produz os significados quanto seus próprios resultados, ou seja, os significados.

Portanto, os sujeitos é que são circunstancialmente impactados pela inclusão, sendo que a inclusão, por si mesma, não é impactada pelos sujeitos, uma vez que seu conceito, seu núcleo duro, não se abala pelas circunstâncias ou pelo achismo de quem quer que seja. Similar, as estrelas não deixaram de existir porque o céu está encoberto de nuvens, ou porque a claridade do dia as obscurece. Em outras palavras, a destruição de identidades, tão bem tratada por Deleuze em suas obras, é algo latente no âmago da inclusão. A inclusão é coisa de todos e para todos, da identidade única de ser humano. Não uma identidade universal, mas uma identidade singular em sua multiplicidade, onde o plural está contido no singular.

Nesse sentido a inclusão, em sua condição revolucionária e rizomática, não acontece pela diferença, pelas identidades que, na verdade, muito mais apartam do que agregam. A inclusão se move, acontece na diferença que se diferencia em sua multiplicidade. Porque sendo nós seres singulares somos únicos e, sendo uno, logo, somos da ordem da diferença. Porém, o preconceito, a discriminação, a intolerância, a xenofobia, o racismo e todas as demais metamorfoses das fobias é que provocam a existência de uma pluralidade de identidades. E na busca de uma identidade sobreviver aos males do humano, acaba por tornar-se opressora das demais focadas como opositoras. Mas a inclusão na diferença se sobrepõe a isso pela concretude e lucidez de seu núcleo duro.

As vozes distorcem as normativas presentes no DSM, o manual da psiquiatria que universaliza diagnósticos e cria identidades parametradas por quadros sintomáticos. As vozes enunciam que a psiquiatria não pode mais falar em nome da razão, da autoridade e do direito, tal como ocorreu e ainda ocorre, de modo a silenciar e a segregar pessoas. As vozes também se manifestam no sentido de não aceitarem que outros se achem no direito de teorizar sobre eles ou de cavarem interpretações a partir de teorias psicológicas sobre quem eles são ou por que agem como agem. O *belief system* da inclusão produz um percepto diferente nas pessoas, um desejo expressivo que vai ao encontro das palavras de Deleuze:

> Hoje, reclamamos os direitos de um novo funcionalismo: não mais o que quer dizer, mas como isso marcha, como isso funciona. É como se o desejo não quisesse dizer mais nada e fosse um agenciamento de pequenas máquinas, máquinas desejantes, sempre numa relação particular com as grandes máquinas sociais e as máquinas técnicas. E quanto a você? Que são suas máquinas desejantes? (2004, p. 188).

As vozes enunciam de suas próprias janelas, pois cada uma consegue falar sobre o cenário a partir do ponto para o qual está olhando. Mas todas elas nos dizem que a privação social não é a solução para os problemas. Até mesmo o cárcere, que existe para conter condenados por praticarem crimes, clama pela não privação sociocultural e desumanização do outro pelo abandono. Pois a privação sociocultural e o abandono os levam a ser como zumbis, um corpo sem alma, alguém que parece estar vivo, mas não está. Sem percepção da dor do outro, da alteridade nos modos de relação.

Lendariamente é impossível de se recuperar um zumbi. A identidade zumbi grita um *apartheid*. Porém, um zumbi não vive apenas no mundo dos mortos, totalmente ao contrário, vive no mundo dos vivos. Por conseguinte, está em um território que, a princípio, não é seu. Nesse território alheio o convívio se pauta na diferença e em sua qualidade de morto-vivo, ele também é híbrido. O cinema, que sempre extrapola a imaginação – criatividade, representação, formas de enunciar ao público diverso –, mantém, contudo, sua relação com o mundo real. Por exemplo, em 2013 foi lançado o filme *Warm Bodies*, uma comédia romântica de Jonathan Levine baseada no livro de Isaac Marion (2011).

Ao ouvirmos as vozes do ex-presidiário e do juiz, o termo zumbi emergiu. A preeminente ideia da sociedade que criminosos são irrecuperáveis está para a mesma proporção em relação aos zumbis. Outro pensamento emana contestando de que prisões e privações socioculturais enterram de vez a alma do vivente e esse adquire ainda mais a qualidade de ser zumbi.

O filme supracitado traz uma versão diferente dos demais filmes de terror sobre zumbis. Mostra como o acolhimento do outro que é humano pode humanizar cada vez mais o híbrido morto-vivo. E como esse híbrido pode também despertar no humano extremista do *apartheid* que afetos e perceptos transformam e são transformados a partir das relações sociais com o outro que se diferencia em sua própria diferença. Há metamorfoses!

Embora estar disponível para a recuperação no sentido social que se relaciona a condição de presidiário ou de ex-presidiário seja altamente necessária para esse sujeito, é também uma necessidade para esse sujeito que a sociedade lhe ofereça condições de se recuperar tanto no espaço privativo como para além dos muros. E essa via de mão dupla também é da ordem da inclusão que se estende a todos sem distinção condicional, é coisa de supervivente que não sucumbe à exclusão social.

No entanto, o Estado, em sua ânsia de evitar desequilíbrios que lhe ofusquem a estabilidade, não apenas abandona ao esquecimento os encarcerados como também reforça a vigilância, o controle e a punição com a proposição de medidas excludentes como a redução da maioridade penal e o fechamento de escolas. Ora! Essas proposições não tratam de problematizar a gênese do problema e encontrar nele próprio as possíveis soluções; não tratam de re-inventar as possibilidades de recuperação de delinquentes; não tratam da inclusão social, mas, sim, de ampliar os mecanismos de exclusão.

Deleuze em seu texto "Sobre as cartas de H.M." (2004, p. 190) aborda sobre a questão prisional. E traz a seguinte voz de um presidiário: "Me escreve. Se você soubesse o que é uma palavrinha só..." Esse é um grito em que a solidão do excluído reclama ser povoada. É um pedido para que se re-invente possibilidades de inclusão.

As vozes, embora de lugares sociais diferentes, mesclam-se, imbricam-se em torno do entrelace exclusão/inclusão. Elas se encontram nas fronteiras, nas linhas de fuga. Elas apontam a dureza dos mecanismos de exclusão como também enunciam as possibilidades de se re-inventar a inclusão. Elas falam sobre o excluído, mas também se incluem no processo inverso. Elas são sujeitos que caminham "entre" os territórios da exclusão e da inclusão. Nesse caminhar, são de constituição híbrida.

E, na arte, novamente encontramos a beleza transparente de se dizer algo público, sem imposições, ademais, com a generosidade do poder da escolha de quem deseja acolhê-la ou rejeitá-la, mesmo que a própria arte não saiba que faz isso. Contudo, não há poder potente para diminuí-la.

> Porque metade de mim é o que eu grito
> A outra metade é silêncio
> Pois metade de mim é partida
> A outra metade é saudade
> Pois metade de mim é o que ouço
> A outra metade é o que calo
> Porque metade de mim é o que penso
> A outra metade um vulcão
> Pois metade de mim é a lembrança do que fui
> A outra metade não sei
> Pois metade de mim é abrigo
> A outra metade é cansaço
> Pois metade de mim é amor
> E a outra metade também (*Metade*, por Oswaldo Montenegro, 1997).

11 Inclusão na diferença: incompletudes

O movimento da inclusão é complexo, é singular, é rizomático e radical. Esperar que algo ou alguém esteja pronto e preparado para então deixar a inclusão fluir é como esperar que o sol e a lua um dia se encontrem no universo em que existem. O sol ilumina o dia e a lua ilumina a noite. Eles são diferentes e existem na diferença. Mas não são opostos entre si. Ambos são plenamente necessários.

Diferença nada mais é que a qualidade daquilo que é diferente; nela há ausência de semelhança, há desconformidade, divergência, ela contém a própria diversidade, ela é inexata e, ao mesmo tempo, é excesso de uma grandeza, nela não há repetição.

Para que aconteça a inclusão, a diferença precisa ser seu par. Inclusão e diferença em suas incompletudes só podem existir na própria diferença, jamais no território do homo.

A inclusão nunca será estática, nunca se repetirá. Jamais acontecerá no meio-termo. E não se pautará na homogeneidade, tampouco se contentará em acolher apenas alguns. É a diferença na diferença onde as possibilidades de (re)inventar a inclusão para os aprendizes (todos nós) do século XXI encontrarão seu terreno fértil para frutificar. E nessa frutificação nem sempre serão as sementes a germinar do contato direto com a terra. Em ocasiões diversas a inclusão acontecerá como um enxerto que se qualifica pelo ramo de um vegetal em outro para que esse se desenvolva na própria planta que vingou sua gênese, tal como acontece com o florescer de uma linda orquídea[13].

"Parece pedra, tudo é pedra. Só nós dois sobrevivemos"[14].

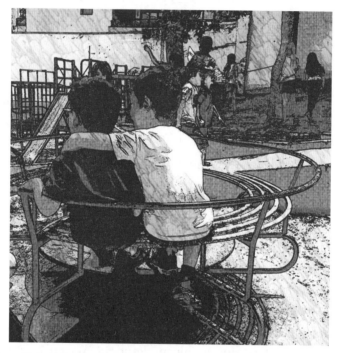

Figura 11 Amizade de João e Jean
Fonte: A autora (2015).

Quem anda no trilho é trem de ferro
Sou água que corre entre pedras
Liberdade caça jeito.
(Manuel de Barros, 2001)

---

13. Há uma variedade de espécies de orquídeas. É a maior entre todas as famílias botânicas. Elas se diferenciam entre si, bem como os modos de seu cultivo também se diferenciam.
14. Voz de João após eu lhe mostrar a imagem da amizade entre ele e Jean com efeito de impressionismo.

Referências

BARROS, M. *Matéria de poesia*. 5. ed. Rio de Janeiro: Record, 2001.

BRASIL. *Lei n. 12.764* – Institui a Política Nacional de Proteção dos Direitos da Pessoa com Transtorno do Espectro Autista; e altera o § 3º do art. 98 da Lei n. 8.112, de 11 de dezembro de 1990. Brasília, 2012 [Disponível em http://www.planalto.gov.br/ccivil_03/_ato2011-2014/2012/lei/l12764.htm].

_____. *Resolução n. 4 CNE/CEB* – Institui Diretrizes Operacionais para o Atendimento Educacional Especializado na Educação Básica, modalidade Educação Especial. Brasília, 2009 [Disponível em http://portal.mec.gov.br/dmdocuments/rceb004_09.pdf].

_____. *Decreto 6.949* – Promulga a Convenção Internacional sobre os Direitos das Pessoas com Deficiência e seu Protocolo Facultativo, assinados em Nova York em 30 de março de 2007. Brasília, 2009 [Disponível em http://www.planalto.gov.br/ccivil_03/_ato2007-2010/2009/decreto/d6949.htm].

_____. *Convenção sobre os Direitos das Pessoas com Deficiência*. Brasília, 2008 [Disponível em file:///C:/Users/Professor(a)/Downloads/A%20Conven%C3%A7%C3%A3o%20sobre%20os%20Direitos%20das%20Pessoas%20com%20Defici%C3%AAncia%20Comentada.pdf].

_____. *Dispõe sobre a implementação do Plano de Metas Compromisso Todos pela Educação, pela União Federal, em regime de colaboração com Municípios, Distrito Federal e estados, e a participação das famílias e da comunidade, mediante programas e ações de assistência técnica e financeira, visando à mobilização social pela melhoria da qualidade da educação básica*. Brasília, 2007 [Disponível em http://www.planalto.gov.br/ccivil_03/_ato2007-2010/2007/decreto/d6094.htm].

_____. *Decreto n. 5.626/05* – Regulamenta a Lei n. 10.436, de 24 de abril de 2002, que dispõe sobre a Língua Brasileira de Sinais – Libras, e o art. 18 da Lei n. 10.098, de 19 de dezembro de 2000. Brasília, 2005 [Disponível em http://www.planalto.gov.br/ccivil_03/_ato2004-2006/2005/decreto/d5626.htm].

_____. *Decreto n. 5.296/04* – Regulamenta as leis n. 10.048, de 8 de novembro de 2000, que dá prioridade de atendimento às pessoas que especifica, e 10.098, de 19 de dezembro de 2000, que estabelece normas gerais e critérios básicos para a promoção da acessibilidade das pessoas portadoras de deficiência ou com mobilidade reduzida, e dá outras providências. Brasília, 2004 [Disponível em http://www.planalto.gov.br/ccivil_03/_ato2004-2006/2004/decreto/d5296.htm].

_____. *Resolução CNE/CP n. 1/2002* – Institui Diretrizes Curriculares Nacionais para a Formação de Professores da Educação Básica, em nível superior, curso de licenciatura, de graduação plena. Brasília, 2002 [Disponível em http://portal.mec.gov.br/cne/arquivos/pdf/rcp01_02.pdf].

_____. *Portaria n. 2.678/02* – Política Nacional de Educação Especial na Perspectiva da Educação Inclusiva. Brasília, 2002 [Disponível em http://peei.mec.gov.br/arquivos/politica_nacional_educacao_especial.pdf].

_____. *Lei n. 10.436/02* – Dispõe sobre a Língua Brasileira de Sinais – Libras e dá outras providências. Brasília, 2002 [Disponível em http://www.planalto.gov.br/ccivil_03/leis/2002/L10436.htm].

_____. *Resolução CNE/CEB n. 2* – Institui Diretrizes Nacionais para a Educação Especial na Educação Básica. Brasília, 2001 [Disponível em http://portal.mec.gov.br/cne/arquivos/pdf/CEB0201.pdf].

_____. *Decreto 7.611* – Dispõe sobre a educação especial, o atendimento educacional especializado e dá outras providências. Brasília, 2001 [Disponível em http://www.planalto.gov.br/ccivil_03/_Ato2011-2014/2011/Decreto/D7611.htm#art11].

_____. *Lei n. 10.172/2001* – Aprova o Plano Nacional de Educação e dá outras providências. Brasília, 2001 [Disponível em http://www.planalto.gov.br/ccivil_03/leis/leis_2001/l10172.htm].

_____. *Carta para o Terceiro Milênio*. Londres, 1999 [Disponível em http://portal.mec.gov.br/seesp/arquivos/pdf/carta_milenio.pdf].

_____. *Convenção Interamericana para a Eliminação de Todas as Formas de Discriminação Contra as Pessoas Portadoras de Deficiência* (Convenção da Guatemala). Brasília, 1999 [Disponível em http://portal.mec.gov.br/seesp/arquivos/pdf/guatemala.pdf].

_____. *Lei de Diretrizes e Bases da Educação Nacional Brasileira* (Lei n. 9.394, de 20 de dezembro de 1996). Brasília: Ministério da Educação, 1996 [Disponível em http://www.planalto.gov.br/ccivil_03/LEIS/L9394.htm].

_____. *Lei n. 7.853*, de 24 de outubro de 1989. Brasília, DF: 1989 [Disponível em http://www.planalto.gov.br/CCIVIL_03/leis/L7853.htm].

_____. *Decreto n. 3.298* – Regulamenta a Lei n. 7.853, de 24 de outubro de 1989, dispõe sobre a Política Nacional para a Integração da Pessoa Portadora de Deficiência. Brasília, 1999 [Disponível em http://www.planalto.gov.br/ccivil_03/decreto/d3298.htm].

_____. *Constituição da República Federativa do Brasil*. Brasília, 1988 [Disponível em http://www.planalto.gov.br/ccivil_03/constituicao/constituicao.htm].

Declaração Internacional de Montreal sobre Inclusão – Aprovada em 5 de junho de 2001 pelo Congresso Internacional "Sociedade Inclusiva", realizado em Montreal, Quebec, Canadá. Montreal, 2001 [Disponível em http://portal.mec.gov.br/seesp/arquivos/pdf/dec_inclu.pdf].

DELEUZE, G. *A ilha deserta e outros textos*. São Paulo: Iluminuras, 2004 [Ed. preparada por David Lapoujade] [Trad. brasileira].

_____. *Lógica do sentido*. São Paulo: Perspectiva, 1998.

_____. *Crítica e clínica*. São Paulo: Ed. 34, 1997.

_____. *Conversações*. São Paulo: Ed. 34, 1992.

_____. *O que é a filosofia?* Lisboa: Presença, 1992.

_____. *Diferença e repetição*. Rio de Janeiro: Graal, 1988.

DELEUZE, G. & GUATTARI, F. *Mil platôs* – Capitalismo e esquizofrenia 2. Vol. 3. ed. São Paulo: Ed. 34, 2012 [Trad. de Aurélio Guerra Neto et al.].

_____. *Kafka* – Para uma literatura menor. Lisboa: Minuit, 2003.

_____. *Mil platôs* – Capitalismo e esquizofrenia. Vol. 3. Rio de Janeiro: Ed. 34, 1996 [Trad. de A.G. Neto, A.L. de Oliveira, L.C. Leão e S. Rolnik].

_____. *Mil platôs* – Capitalismo e esquizofrenia. Vol. 1. Rio de Janeiro: Ed. 34, 1975.

DELEUZE, G. & PARNET, C. *Diálogos*. Lisboa: Relógio D'Água, 2004.

FANON, F. *Os condenados da terra*. Juiz de Fora: UFJF, 2005.

FOUCAULT, M. *Vigiar e punir* – Nascimento da prisão. 30. ed. Petrópolis: Vozes, 2005.

_____. *Os anormais*. São Paulo: Martins Fontes, 2001.

_____. *Microfísica do poder*. 2. ed. Rio de Janeiro: Graal, 1998.

GUATTARI, F. *Caosmose*. Rio de Janeiro: Ed. 34, 1992.

GUATTARI, F. & ROLNIK, S. *Micropolíticas* – Cartografias do desejo. Petrópolis: Vozes, 2005.

MARION, I. *Warm bodies*. [s.l.]: Atria Books, 2011.

NOVARTIS (Laboratório). *Apresentação de Ritalina*. [s.l.]: Novartis, 2013 [Disponível em http://www.medicinanet.com.br/bula/4550/ritalina.htm – Acesso em 27/08/2015].

ONU. *Declaração de Salamanca* – Sobre princípios, políticas e práticas na área das necessidades educativas especiais. Salamanca, 1994 [Disponível em http://portal.mec.gov.br/seesp/arquivos/pdf/salamanca.pdf].

UNESCO. *Conferência Mundial de Educação para Todos* – Declaração Mundial de Educação para Todos / Plano de Ação para Satisfazer as Necessidades Básicas de Aprendizagem. Jomtien, 1990 [Disponível em http://unesdoc.unesco.org/images/0008/000862/086291por.pdf].

Conecte-se conosco:

 facebook.com/editoravozes

 @editoravozes

 @editora_vozes

 youtube.com/editoravozes

+55 24 2233-9033

www.vozes.com.br

Conheça nossas lojas:

www.livrariavozes.com.br

Belo Horizonte – Brasília – Campinas – Cuiabá – Curitiba
Fortaleza – Juiz de Fora – Petrópolis – Recife – São Paulo

  Vozes de Bolso

EDITORA VOZES LTDA.
Rua Frei Luís, 100 – Centro – Cep 25689-900 – Petrópolis, RJ
Tel.: (24) 2233-9000 – E-mail: vendas@vozes.com.br